講談社文庫

ポルシェより、フェラーリより、ロードバイクが好き

熱狂と悦楽の自転車ライフ

下野康史

講談社

目次

第3章 サイクリングへ行こう／81

ポルシェより、フェラーリより、ロードバイクが好き

熱狂と悦楽の自転車ライフ

第1章

ぼくが自転車にハマったワケ

自転車へGO!

きっかけは、禁煙

自動車ライターなのに、自転車にハマってしまった。中年になってからの色恋沙汰は激しいと、よく言われるが、ぼくの相手は自転車だった。安物のニセMTB(フレームに「悪路は走らないでください」のステッカー!)をディスカウントストアで衝動買いしたのが37歳の夏。それからはアルプスを下る**マルコ・パンターニ**[*1]のような前傾姿勢でのめりこんだ。当時、小学生だった息子などは、遊びにきた同級生にお父さんの職業を聞かれて、「クルマの仕事と、あと、自転車の選手」と答えていたらしい。

自転車に乗り始めた直接の動機は、禁煙である。タバコをやめると太る。過去に一度、禁煙して思い知らされていたので、今度こそはと肥満予防のために自転車をチョイスした。マイカー時代の幕開けだった子どものころ、男の子のまさにマイカーがチャリンコだった。自転車の楽しさ、気持ちよさは身にしみて知っていた。あらためてこの原始的な乗り物にまたがったら、消し炭に火がついちゃったのである。

クルマに比べたら、自転車は安い。しかも、子どものころよりはお金持ちになっていた。ニセMTBの次に買ったのは、**ビアンキ**[*2]の**クロスバイク**[*3]である。細めのオフロードタイヤを履き、ドロップハンドルをつけたMTBとロードバイクの中間のような自転車だ。

しかしそっち方向へ進むと、やはりどうしても、もっと軽量でスポーティなロードバイクがほしくなった。上野にある老舗の専門店〝横尾双輪館〟で、ショップ・オリジナルのHOLKS（ホルクス）をあつらえた。

今でいうロードバイクは、その当時、もっぱら「ロードレーサー」と呼ばれていた。名前のとおり、買ったらレースに出ないといけないんだよなと考えて、すぐに大きな大会のビギナークラスにエントリーした。惨敗にショックを受け、そのとき若い大学自転車部員の諸君がウォーミングアップに使っていた**3本ローラー台**[*4]を購入。〝部屋錬〟にまで励むようになった。その後も自転車のほうは増殖を続け、一時は仕事部屋にロードバイク5台がひしめいた。お客さんが来ても座るところがないので、自転車のサドルにまたがってローラー台の上でこぐようにすすめたりした。

〝クルマ好き〟だからこそ

クルマの仕事をしていて、なんで趣味が自転車なの？ とよく聞かれたが、モノの魅力ということについていえば、クルマも自転車も同じである。クルマの世界にあることは、そのまま自転車の世界にもあてはまる。自転車はモノが小さいだけに、いろいろなことがむしろはっきり見えやすく、わかりやすい。それが自転車にひかれた理由のひとつだった。

'90年代前半といえば、**クロモリ**[*5]（鉄）フレームの最後の絶頂期である。本場イタリアのロードバイクの魅力は、イタリアのクルマ同様、とにかくカッコよくて美しいこと。初めて買ったガイシャ、トマジーニもそうだった。手の込んだ塗装は、いかにも〝イタ車〟らしく派手で、ちょっとワルそうでもある。**ラグ**[*6]はメッキ仕上げで、小さな部品に装飾的なデザインが施されている。

イタリアのスーパーカーは、ボディ内外といわず、エンジンルームといわず、あちこちにやたらと紋章を入れるのが好きである。メーカーの家紋だ。自転車もまったく同じで、トマジーニのフレームには、数えてみると〝Tommasini〟のバッヂや刻印やロゴシールが、なんと17ヵ所もある。

当時、変速機やブレーキなど、いわゆる〝コンポーネント〟の分野では新興のシマ

'95年に手に入れた初めてのガイシャ、トマジーニ。翌年、これで「東京～糸魚川ファストラン」に初参加

ノに押されて老舗のカンパニョーロが劣勢に回っていた。自転車専門誌の評価でも、たとえばカンパのブレーキは、シマノに比べて効きが甘いと指摘されていた。でもそのおかげでぼくは何度か救われた。カンパのブレーキはロックしにくいのである。その意味で効きが甘いと言われればそうなのだが、そのかわりパニックストップのときもコントローラブルで、緊急の回避が余裕をもってできるのだ。一方、シマノに限らず日本製のブレーキは〝制動距離いのち〟みたいなところがあった。フィーリングよりも数値でつくっている。そのへんの事情も、クルマの世界に似ていた。

自転車生活は郊外に限る

熱中すると、とくに最初は前のめりになる。クルマの試乗の仕事で広報車を借りにいくとき、おもしろがってたまに自転車で行った。国分寺の西外れにある自宅から都心までは40㎞足らず。着替えと靴を入れたデイパックを背負って走り始めると、1時間半あまりで山手線の内側に入れる。目的地へ着いたら、広報車の中に自転車をしまい、そのまま取材や打合せに行った。着替えてクルマのシートに座った瞬間、「ヘンシーン!」みたいな感じがしておもしろかった。逆に広報車を返却するときは自転車をセットアップし、サイクルウェアに着替え、ペダルをこぎ出したときが変身の瞬間だ。

クルマで走ってつまらないところは、自転車で走ってもつまらない。つまり渋滞路を行くのは自転車でも苦痛ということがわかって、その後、都心にロードバイクで出かけるのはやめたが、幸いぼくの住んでいるところは自転車趣味生活を送るのに申し分なかった。多摩川サイクリングロードまでは5㎞足らず。多摩湖の周回道路へは10㎞。近場の多摩丘陵だってオードブル以上に楽しめるし、奥多摩や秩父まで足を延ばせば、満腹のフルコースが味わえる。隣町の立川には〝なるしまフレンド〟という日本一のロードバイク専門店もあるし。というわけで、多摩エリアは都心からいちばん近いサイクリスト天国ではないかと思っている。

＊1　マルコ・パンターニ　世界の二大ステージ・レース、ジロ・デ・イタリアとツール・ド・フランスを'98年にダブル制覇したイタリアのプロロード選手。2004年、薬物中毒により34歳の若さで死去。

＊2　ビアンキ　イタリアの総合自転車メーカー。チェレステブルーという独特のブルーがイメージカラー。色でビアンキを選ぶ人も多い。

＊3　クロスバイク　クロスオーバーバイクの略。フレームは一見、MTBだが、タイヤはオンロード用でハンドルはフラットバー。ドロップハンドルのロードバイクほどストイックではない、実用的なスポーツ車の総称。ツーキニストに人気が高い。

＊4　3本ローラー台　前後輪を回して、実走感覚で自転車がこげる練習台。これを個人で買ったら、ロードバイク好きも病膏肓(こうこう)である。

＊5　クロモリ　クローム・モリブデン鋼の略。

＊6　ラグ　パイプとパイプの交点で両者を結合する継ぎ手。

ポルシェバイクのこと

足でこぐ911

ファーストカー、セカンドカーという言い方にならうと、ぼくのファースト自転車はポルシェバイクである。

ポルシェがつくったロードバイク。といっても、シュトゥットガルトの工場でポルシェが生産したわけではない。彼らがやったのは企画立案とデザインくらいまで。あとは専業メーカーが手がけている。初代モデルはボーテックというドイツの自転車メーカーが製作した。のちにモデルチェンジしてアルミフレームからカーボンに変わったが、ロードバイクは2007年で生産中止になってしまった。「欧州自動車メーカーブランドの自転車」ブームに先鞭をつけたのに、残念である。

ぼくのは初代モデルのデビュー年に製造された'99年式。ポルシェ911にくわしい人には「ナロー・ポルシェです」[*1]と紹介している。

ぼくのポルシェバイクは、もともとポルシェ・ジャパンが試乗用に貸し出す、いわゆる広報車両だった。しかしその当時、自動車マスコミ業界にこれを借りて乗ろうと

「オレのポルシェ」といっても、タイヤはふたつ。しかも、ハンドルやホイールやサドルを換えてしまって、オリジナルの面影なし

いう自転車好きはぼくくらいしかいなかった。お言葉に甘えて、２０００年の「東京〜糸魚川ファストラン」のときに借りると、11時間1分の自己ベストが出た。「さすがポルシェ」と言いたいところだが、なんのことはない、例年、向かい風に悩まされる長野県内で、その日はたまたま強い追い風の〝神風〟が吹いただけなのだが。

でも、思い出の自転車には違いない。そのとき頂いた完走のフレームステッカーをいつか貼ってやりたいものだとひそかに念じていたら、数年後に願いがかなった。乗らないで宝の持ち腐れにしていたオーナーから譲り受けることができたのだ。新車価格は50万円以上したはずだが、4年落ちの中古車で、パンクもしていたため、高めのママチャリくらいの友情価格で譲ってもらった。

改造ポルシェまっしぐら

なにしろナロー・ポルシェだから、今となっては古い。変わったデザインのアルミフレームはドイツ人好みの頑丈なつくりで、車重も9kgくらいある。最近はフレームもヘタってきたようで、乗っていても若干、ユルさを感じるようになった。しかしそれもまた古女房のようにいとおしく、ファースト自転車の地位を堅持している。

自分の好みで部品を換えられるのが自転車の大きな楽しみである。長距離を快適に走るという目的で、あちこちをイジった。おかげでオリジナルからはかけ離れたポルシェバイクになってしまった。

まずハンドルをドロップからブルホーンバーにした。文字通り牛の角みたいに前に突き出したハンドルだ。ドロップバーより前方に手が置けるため、前傾したエアロポジションがとりやすい。

ブルホーンバーのいちばん大きな利点は、ブレーキレバーが握りやすくなることだ。もともと握力が弱いので、長い下り坂だといつも往生していた。20km以上ブレーキレバーを握り続けることになる乗鞍ヒルクライムの帰りなどは、途中から手が痛くなって困った。それがバーの先端にブレーキレバーの付くブルホーンだと、握る角度が変わって格段にラクになる。ドロップハンドルのカッコよさは消えてしまったが、同じ悩みをもつホビーライダーにはぜひお薦めしたい改造だ。

同じくカッコを捨てて快適性をとったのは、サドルである。オリジナルは当時の定番サドル、セライタリアのフライト・チタニウムが付いていたが、シモの病を患ってからトレックの〝CRZ〟に換えた。アンコが分厚く、柔らかい。しかも、大事なところを圧迫しないように、中央部が縦方向に割れている。ひと目見て、ロードバイクに付けようと思う人はだれひとりいないはずだが、またがっちまえば見えないだろうと、ためしに付けたらビックリ。サドルを感じないサドルである。どこも痛くならないどころか、座っていることさえ忘れてしまう。病み上がりに初めて使ったときは、ああ、これなら一生ロードバイクと付き合えると安堵した。まとめ買いしてほかのロードバイクから折り畳みの小径車まで、自分の自転車はほとんどこれに換えてしまった。イトイガワ仲間にも乗せたらみんな気に入って、お尻の下だけはトレックCRZサドルクラブみたいになった。残念ながらすでに廃番だが、同じコンセプトのコンフォート・サドルはその後、一般的になった。

コンパクトギアという革命

機械コンポーネントでいちばんの改造箇所はフロントギアである。激坂(げきさか)のヒルクライムも楽にこなせるようにシマノのコンパクトギアに交換した。

ロードバイクには大小2枚のフロントギアが付いている。大きいほうが高速用、小さいほうは低速用、つまり軽いギアだ。フロントギアというのは、後ろのギアのように頻繁には変えないが、そのかわりギア比全体のいわば初期値を決定する。前のギアを小さくすれば、全体にギア比が下がり、ロードバイクでもちょっとしたMTB並みの登坂能力が得られるようになる。

自転車という乗り物は、ペダル（足）をクルクル回して走るものである。重いギアに入れて、歯を食いしばりながらペダルを踏み下ろしている人がたまにいるが、それは間違った乗り方だ。自転車は、足のトルクではなく、足の回転で進ませるものなのだ。ロードバイクの場合、1分間に80回転が理想といわれている。それから逆算して、いつもこれくらいの回転数でクルクル回せるギアを選ぶ。変速機はそのためにあるのだ。

ポルシェバイクには最初、53／39というドイツ人向けの大きな高速ギアが付いていた。歯数53のフロントギアに入れ、後ろのギアもいちばん重くすると、80回転／分のペダリングで計算上、時速74㎞出る。平坦路でこんなスピードが出せるのは、ツールか競輪の選手だけである。全部で18段あるギア比のうち、重いほうの3割くらいは、普通の人にはとても回しきれないギアだった。そんな無駄に高速寄りだったギア比を、現実的なレベルに引き下げるのがコンパクトギアである。

ぼくが付けたのは50／34というセットだ。現在は完成車でもこれくらいのギアがあたりまえになっている。ロードバイクでコンパクトギアがブレークした直接の原因は、ヒルクライム人気が高まったためだろうが、ふだん使いでもメリットは大きい。ぼくの場合、コンパクトギアにしたら、走行中に膝（ひざ）が痛くなることがなくなった。

というわけで、必要なところはアップデイトしつつ、すっかりカバタ仕様になったポルシェバイクである。以前、レースに出ている登録ライダーに試乗してもらったところ、そのへんをひとまわりして戻るなり「バスみたいですね」と言いやがった。ロードバイクにあるまじき柔らかいサドルがショックだったらしい。ポルシェバイクじゃなくて、ポルシェバスかよ⁉　でもそれくらい快適かつ平和な自転車だったと好意的に解釈した。

日本ではおそらく50台も売れていないはずだから、走っていて一度も同じ自転車と出会ったことがない。デローザに乗っている人は、コルナゴやピナレロが気になるかもしれないが、ポルシェバイクだとほかに目移りしなくなる。まわりからは「自転車のこと、なんにも知らない気の毒なおじさん」くらいに見られるのも気楽でいい。

***1　ナロー・ポルシェ**　ワイドなリアフェンダーが張りだす前の古い911のこと。'63〜'73年型をさす。エレガントなこのオリジナル・フォルムを愛するファンは今も多い。

男は黙って固定ギア

町乗りに使えるトラックレーサー

ついに固定ギア車[*1]をつくってしまった。

自転車の後輪には、フリーギアという便利な仕掛けがついている。ペダルを前に回すと、後輪が回って前に進む。後転させれば、シャラシャラと空回りする。このおかげで、こぎたくないときは、足を止めて休むことができる。片方のペダルに足を乗せたまま、残った足で地面を蹴って走り出す、なんて乗り方を初心者のころはだれしもやったことがあると思う。あれも、フリーギアがあればこそだ。

固定ギアとは、その機構をもたない自転車のことである。**競輪**[*2]やトラック競技で使われる自転車が、固定ギアだ。ひたすら速く走ってナンボのものだから、足を休めるための機構など要らない。それどころか、ブレーキも多段ギアも変速機もついていない。

この手の〝トラックレーサー〟が昔からほしかった。なんたってシンプルなのがいい。テレビで競輪中継をやっていると自転車見たさに目が離せなくなる。それが高じて、立川競輪場のバンクを走らせてもらったこともある。そんな憧れの自転車をついに手に入れたのである。

即競技可の本物なら、ブリヂストンやパナソニックが出している完成車を買うのがいちばん手っ取り早い。だが、それじゃおもしろくない。しかも、ぼくがほしかったのは、なにもマジなトラックレーサーではないのだ。絶対条件は普通に実用ができること。当然、ブレーキは必須である。ライディングポジションも、極端に前傾の強い、戦闘的過ぎるのは困る。ギアは潔くシングル（1段）でいいが、かといってトップスピードに合わせた重いギアだと、こぎだしや登坂がつらくて使えないからダメ。ひとことでいえば「実用シングル固定ギアロードバイク」。保安部品をつけて、タウンユースに仕立てたF1マシンみたいな自転車。

既製品はなかったので、生まれて初めてフルオーダーをすることにした。

初めてのフルオーダー

お願いしたのは、東京の町田にある今野製作所というビルダーショップである。ケルビム（CHERUBIM）というブランドで、古くから自転車オタクには知られた店だ。もともと競輪用フレームづくりからスタートした工房だから、「町乗りに使えるトラックレーサー」と言ったら話は早かった。蛇の道はヘビである。

シングルの固定ギアであること以外、普通のロードバイクと同じにして下さいと頼むと、今野さんがアドバイスをくれた。固定ギアならフレームもトラック用と同じにしたほうがいいという。

ロードバイク用のフレームとトラックフレームは、同じように見えて、実は微妙に違うのである。とくに今野さんがこだわったのは、「ハンガーの高さ」だ。ハンガーとは、ペダルが回転する、その中心部分のことである。具体的には、クランクのシャフトが入るところで、そこがフレームの最低地上高にあたる。

トラック用フレームは、ロードレーサーよりそのハンガー位置が高くとられている。カーブで車体を傾けたとき、普通の自転車なら、イン側のペダルを上死点の位置で止めておくことができる。実際、それが自転車のコーナリングの大原則だ。下死点の位置だと、たちまちペダルが路面と接触して転倒してしまうからだ。そもそも、ペダルが路面にこすれるほどバンクさせた状態で足を回していることはありえない。

ところが、走行中、常にペダルが回りっぱなしになる固定ギアだと、いやおうなくその状況に陥る。だから少しでもハンガーは高くしておいたほうがいい、ということ

後輪車軸の両側にギアを取り付けたダブルコグ。ホイールを外し、左右ひっくり返せば、２種類のギアを使い分けることができる

なのだった。言われてみればあたりまえの話だが、言われてみなければわからなかった。プロの話は聞くものである。

ギア比を自分で探す

固定ギア化の工作はべつにむずかしくないという。競輪用のパーツを流用すればいいからだ。ぼくのほうで決めなければいけなかったのは、ギア比である。平地では一応ちゃんとスピードも出て、一方、ちょっとした峠なら上れるギア。これは結局、自分の足でいろいろ試してみるしかなかった。

そのころ、ふだん乗りのロードバ

イクはフロント2枚×リア9枚の18段だった。フレームにメモ用紙を貼りつけ、その自転車でいろんな坂をいろんなギアで上り、簡単なチャートをつくってみた。平坦路を走り、このギアなら楽にこいで何キロ出た、というようなこともあらためて試した。

そうやって割り出した〝マイギア比〟が、2・77と2・25である。なんで2種類かって？　固定ギア＋シングルというのが男らしさの究極ではあったのだが、途中でひよって、〝ダブルコグ〟にしてもらったのだ。

ダブルコグとは競輪選手が練習用の自転車などに使う仕掛けで、大小2枚のギアを後輪車軸の両サイドに1枚ずつセットする。ホイールを外して左右ひっくり返して付ければ、ギア比が変えられる。ペダルを1回転させると後輪が2・77回転するほうが高速用、2・25は低速用だ。どっちにしても、競輪選手なら吹き出し笑いする軽いギアである。太ももの周囲78㎝なんていう彼らが使うのは3・6[*3]とか3・7とかがあたりまえだ。

フレームの色はチャコールグレーにした。本当は黒がワルそうでよかったのだが、ケルビムのロゴマークの枠がつぶれてしまうとかで、そういうことになった。お店のリーフレットには納期1ヵ月と書いてあるが、さすがに特殊な注文だったらしく、2

ヵ月かかった。費用は約18万円。タイヤ、サドル、シートピラー、ペダルなどは頼まなかったので、完成車の状態だと20万円ちょっとである。当時、大メーカーがつくっていた競技専用（ブレーキなし）のトラックレーサーとほぼ同じだった。これで自分だけの公道F1自転車が手に入ったのだから、けっして高くはないと思う。

＊1　固定ギア　英語だと"fixed gear"。アメリカでは「フィクシー」の愛称で呼ばれる。
＊2　競輪　賭けの公平性を優先するため、競輪用自転車のフレームは今でもすべてクロモリ製である。
＊3　3・6　競輪選手がそのレースで使うギア比は公表される。ギアを重くしたから調子がよさそうだとか、軽くしたから先行・逃げ切りに作戦を切り換えたとか、賭けの判断材料になるからだ。

コワイ、楽しい、深い

固定ギアの快感

固定ギアの乗り物といえば、一輪車がそうである。一輪車にもしフリーギアが付いていたら、絶対に乗れないだろう。あれは前にこいだり、後ろにこいだりしてバランスをとることが命だからだ。

だれでも乗ったことがある固定ギアの乗り物といえば、子どもの三輪車である。後ろにこげばバックしたでしょ。急坂を下るとき、必ず足をペダルから外して、足バンザイみたいな恰好をしたのも、ペダルとホイールが〝直結〟で、しまいに足の回転が追いつかなくなったからである。

フリー機構の起源を調べたら、ヨーロッパでこの仕掛けが発明されたのは1896年だという。日本に自転車が入ってきたときには当然もう標準装備だったわけだ。つまり、固定ギア車は駆動系において〝19世紀の自転車〟ということになる。ある意味、クラシックカーである。

自分の固定ギア車をつくる前、細山正一さんを訪ねた。「日本一速いフレームビルダー」の異名をとる自転車工房のご主人である。神奈川県相模原市で細山製作所というビルダーショップを経営する傍ら、50歳をはるかに越える今もホビーレースの世界で大活躍している。「東京〜糸魚川ファストラン」でも大ベテランの常連で、いつも8時間台で走り、ひと桁の順位をキープしている。中年ライダーにとっては、憧れの星でもある。

細山さんに相談に行ったのは、彼が固定ギアの愛好者だったからだ。自作フレームの愛車を見せてもらいながら、なぜ固定ギアに乗るようになったのかを伺うと、「〝自転車〟っていっても、ツーリングに出かけると、実は乗車時間の何割かはこいでいないんだよね」と仰った。つまり、フリー機構があるために、サドルにまたがっている時間の何割かは、足を休めている。ペダルをこぎたくて自転車に乗っているのに、それじゃあなんだかよくわからない、というわけだ。さすが自転車求道者！　というほかない。

ぼくのこれまでの経験では、固定ギアをこいでいていちばん気持ちがいいのは、目ではわからないくらいのごくゆるい上りを力走しているときだ。ペダルを回す両足が回転運動によって慣性を生じていることがすごくよくわかる。その結果、自分の足の出力以上のパワーが出ている感じがする。まるで後輪にフライホイール（はずみぐるま）がついているかのような感覚だ。電動アシスト自転車の「後ろから押されている感じ」にもちょっと似ている。とにかく普通の自転車では覚えなかった独特の感覚であり、快感だ。

いっときも足（ペダリング）を休ませることができないのだから、当然、普通よりは疲れる。けれども、人が考えるほど疲れないのは、このフライホイール効果のおかげではないかとぼくは分析している。細山さんは「疲れても、自転車が勝手に連れて帰ってくれるような感じ」と表現した。まさに言い得て妙だと思う。

やってはいけないこと

さらに意外だったのは、スピード競技のための機構なのに、ゆっくり走っていても楽しめるということである。

混雑した町なかを走っていると、普通の自転車ではしょっちゅうペダルを止めて惰行運転をしながら速度調整をしている。固定ギアはそれができない。たとえどんな微速でも、動いているのは自分が足を回しているからである。低速だと、それが一歩一歩、地面を踏みしめるような実感を与えてくれて、楽しいし、うれしい。ごまかしがない。潔いのである。

足に逆トルクをかければ、ブレーキレバーに手を伸ばすことなく減速ができる。競輪の世界では「バックを踏む」という。べつにむずかしくはない。要するにペダルが回らないように、足を踏ん張って押さえるようにすればいい。

ところが実際やってみると、たとえ歩くようなスピードからでも、いったん自分の足で出したスピードを足の力で止めるのは**大変である**[*1]。自転車の前進力って、こんなにすごいものだったのかと、だれでも最初たまげるはずだ。

最大の弱点は、下り坂の走行性だ。都内でいえば九段坂とか宮益坂とか道玄坂とか、ちょっとした坂なら楽に上れるくらいの軽いギアを付けたのは間違っていなかったが、そのおかげで、今度は下りでスピードが上がると、ペダルが高速回転して、足が追いつかなくなる。そのうち、ブン回る足がお尻をサドルから浮かせようとする。そのため、今のギア比では40㎞/hが最高速である。

乗り始めのころ、走行中つい無意識に足を止めてしまってコワイ思いをした。スピードがついていると、その瞬間、反動で後輪がポンと跳ね上がる。いいかげんにハンドルを握っていたら、前転もしかねない。慣れるまでは普通のロード仲間と一緒にツーリングへ行くのはやめたほうがいい。後ろにくっついて走っていると、前の人が足を止めた拍子に、ついつられてこっちも止めてしまうことがあるからだ。

そんな特殊な自転車であることはもちろんだから、めったやたらに人に薦められるものではない。でも、それがまた自分にしかなつかないペットみたいでイイのである。

＊1　**大変である**　この前進力を制動／減速時に電気として回収するのが、ハイブリッド車やEVの回生ブレーキである。固定ギア自転車に初めて乗ったとき、「これか！」と実感した。

固定ギア後日談

本当のビョーキになる

自転車雑誌の仕事で久しぶりに固定ギアに乗った。独特のあのペダリング感覚を味わったら、またほしくなってしまったのだ。どれどれと「固定ギア」をグーグルで検索したら、むかし書いた自分の原稿がトップに出てきてびっくりした。

結局、チェレステブルーの色にひかれてビアンキのピスタを選んだ。ぼくが最初にハマったころはオーダーメイドするしかなかったが、最近は「**ピストバイク**」[*1]の総称でメーカーが町乗り用固定ギアロードバイクをふつうにラインナップするようになった。都心を走る自転車メッセンジャーのあいだでは、密かなブームにもなっている。

機構はシンプルなのに、扱いは一筋縄ではいかない。そのあたりが都会で稼ぐプロの自転車乗りにフィットするのだろう。

なんて、人ごとみたいに言っているのはほかでもない。ここ何年も固定ギア車から遠ざかっていたのである。自転車好きも病膏肓に入り、固定ギアと出会い、フルオーダー車を手に入れた。以来、病みつきになってこぐこと2年あまり、本当の病気になってしまったのだ。前立腺炎というシモの病である。自転車のせいなのかどうか、因果関係はわからないと泌尿器科の医者は言ったが、この病気になってなお自転車こぎ運動を続けるのは、傷口をかきむしるようなものだという。その場で3ヵ月間、自転車禁止を言い渡された。

考えてみれば無理もない。走り出したが最後、いっときもペダリングを休めないのが固定ギアである。股間の鬱血も解消する暇がない。競輪競技は、距離で言うと4kmも走らない。時間にしたら数分だ。固定ギア車とは、そもそもそういう短期決戦型の自転車なのに、ぼくはこれでロード仲間とまる一日、100km近いツーリングにも行ったりした。すでに40代終盤だったカラダがシモのほうから悲鳴を上げたわけである。アホですね。

2年間で1万kmくらい乗ったので、ドクターストップを機に、思いきってケルビムは手放すことにした。知り合いの若くて速いライダーにあげた。それ以来のブランクである。

ビアンキ・ピスタを手に入れてから真っ先にやったのはサドルの交換。柔らかくて分厚いアンコをもつものに換えた。カッコは台無しだが、背に股はかえられない。片側がフリーギア付きという親切なダブルコグが標準装備だが、ギア比はいずれも3・

2だ。おおざっぱに言うと、普通のロードバイクで、フロントをアウター（重いほう）にかけ、後ろのギアを真ん中へんに入れている状態。ぼくのケルビムは2・5以下だったから、だいぶ重い。とても峠ツーリングには使えないが、今度はそれでいい。ガレージからたまに引っ張り出して乗る古いスポーツカーみたいに付き合おうと思う。それくらいの学習能力はある。

しかし、あらためて乗ってみると、たとえ短い距離でも、どんなにゆっくり走っていても、フリーギア付きの何倍もの充足感を与えてくれる自転車である。自転車をこぐ楽しさにおいて、固定ギア以上のものはないとぼくは信じている。これを固定観念という。

＊1　ピストバイク　イタリア語の「"pista"（競技用トラック）」用自転車の意。

イトイガワ・オン・マイ・マインド

もっとも過酷な自転車イベント

ぼくの自転車生活一年の計は、毎年5月末の土曜日にある。通称イトイガワ。「東京〜糸魚川ファストラン」である。

新宿から出る京王線の終点、高尾山口駅前をスタートして、国道をひた走ること約300㎞。最後は日本海に面した新潟県糸魚川市内でゴールを迎える耐久ランが、イトイガワである。

自転車で300㎞走るという話をメタボな同業者などにすると、とおりいっぺんに驚いてから「で、2泊くらいするの？」とか言う。これだからクルマばっかり乗ってるやつは困る。遅い人でも、夜明け前に出て、夜には着く。最終スタート組のトップクラスともなると、朝7時に出て、午後3時過ぎにはホテル糸魚川のゴールゲートをくぐってしまう。アベレージは35㎞／h近くになる。

400人を超す参加者が団子状態で走ったらエライことなので、エントリー時に各自申告する予想タイムに応じて、主催者がスタート時間を細かく振り分ける。主催は明治大学体育会自転車部のＯＢ会。２０１１年の大会で40回目を数える。日本のサイクルスポーツ・イベントとしては最も長い歴史をもつらしい。そのわりに、知る人ぞ知る存在にとどまっているのは、そもそもが大学自転車部関係者の内々の催しだったからだろう。最初はどうやら新入生歓迎シゴキ・サイクリングとして始まったらしい。今でもエントリーフィーは明大自転車部への寄付金の名目をとる。

さらに、このイベントがなかなか大衆的人気を集めない最大の理由は、なんといっても〝ツラすぎる〟からだろう。自転車で３００㎞と聞いただけで、心ある人は「ちょっとビョーキ」と思う。〝引く〟ってやつか。そんな超絶サイクル・エンデューロに、ぼくはもう15回も挑戦してきた。

日本の背骨を足で越える

初めてイトイガワに出たのは'96年、40歳のときである。スポーツ自転車に乗り始めて3年目、自転車雑誌の小さな紹介記事でその存在を知った。

イトイガワのルートは、砂漠でもジャングルでもない、普通の道である。でも、そこを自転車で一気に３００㎞走ろうとすると、途端にアドベンチャーになる。距離の冒険。それがおもしろいと思った。

スペースシャトルの軌道が地上約250㎞だという。真上に向かってペダルをこげば、とっくに宇宙なのがイトイガワである。ゴールの地が最果ての日本海側というのもよかった。「東京～岡崎」とか「東京～福島飯坂」じゃ、たぶん出ていなかった。

ゴールまでのあいだに、補給所を兼ねたチェックポイント（CP）が4ヵ所ある。そこを通れば、あとはどう走ろうが、どう休もうが、何を食べて飲もうが、自己責任である。ということは、自分自身をしっかりマネジメントしないといけない。ナメてかかると、笹子(ささご)峠も越せない。そのかわり、完走すれば1年は話がもつ。そんな情報を事前に消息筋から聞いた。

あらかじめ100㎞のトレーニングはしておくようにという注意書きが、申し込みキットにあった。言われたとおり、それくらいは何度か走ってみたが、100㎞こいでも、まだ200㎞残っているのがイトイガワのオソロシサである。本当に走りきれるのだろうか、途中で死んじゃうかもしれない。不安を抱きつつスタートした初体験の'96年が、いま思えば最もエキサイティングで、そして最も感動的だった。

オーバーペースは禁物、というか、何がオーバーペースなのかさえわからなかったから、とにかく無理せずゆっくり走った。2枚あるフロントギアの速い（重い）ほうは封印して、軽いインナーギアだけで走った。つまり、16段ギアの半分しか使わなか

まだ半分も行かない富士見峠でこのテイタラク。この年は結局、長野県の大町(220㎞)でリタイア

った。CPでは、疲れていなくてもしっかり休憩をとった。

道中、峠が4つある。そのうち富士見峠と塩尻峠は1000m級だ。

川もたくさん渡る。終盤に入り、白馬を過ぎると、国道の左手に川が寄り添ってくる。日本海に注ぐ姫川だ。名前に似合わぬ濁流が、この日初めて自分の進む方向と同じ向きに流れていると気づいたときにはグッときた。日本列島の分水嶺を自分の足で越えたのだ。

ペースを抑えた甲斐あって、1年目は意外やラクに完走できた。当時は今よりコースがきつかったが、14時間2分と、タイムも予想以上だった。

ただし、日も暮れ始め、ゴールまであ

と数㎞に迫った最後の上りで、悪魔の如き睡魔に襲われた。「もう着いたも同じなんだから、そこの畦道でちょっと寝てけばいいじゃん」。本当に悪魔がそう囁くのである。その声を振り払うと、「だって、それも話のタネになるんだからさ」と、さらに追い打ちをかけてくる。あんな経験は初めてだった。もちろんゴールしてからの喜びも、かつて経験したことがないものだった。

本州横断ルートのご案内

イトイガワに出てみたいという人のために、ルートをざっと解説しよう。

高尾山口駅前をスタートして、甲州街道（国道20号）を走り出すと、いきなり大垂水峠である。ぼくのスタートはいつも午前4時頃なので、まだ真っ暗だ。峠の標高は400mだが、ウォームアップなしだから、ここが早くもけっこうツライ。2年目以降からは、「なんでこんなもんに出ちゃったんだろう」といつも思う。

すっかり明るくなって、スタートから40㎞あまり、中央道・大月インターを過ぎると、笹子への上りが始まる。2008年は調子がよかったが、このあたりでぼくより1時間遅く出た知人にブチ抜かれて、啞然とする。

笹子峠は標高700mほどだが、第1CPへ向けて、最後にグッと上がる坂が、勾配としては全行程でいちばんきつい。

笹子の第1CPを出るとすぐに新笹子トンネル。長さ3㎞、中は暗く、道は狭く、路肩の舗装は荒れ、排煙ファンと排気音の轟音が渦巻く。土曜日だからダンプやトレーラーも走っている。恐怖と背中合わせの難所である。しかしトンネルを抜けると、一転、甲府盆地へ向けて豪快なダウンヒル。冷や汗もすぐ乾く。

甲府市内からは右手に雪を頂いた美しい山並みが見える。八ヶ岳だ。はるか彼方である。でも、オレはあの山のずっとずっと向こうまで走って行くのかと思うと、毎回、打ちひしがれる。

盆地を抜け、単調でフラットな国道を進む。110㎞地点に韮崎の第2CPがある。

韮崎CPから25㎞行くと、最初の1000m級ピーク、富士見峠だ。勾配は峠の近くがきついが、それよりも韮崎から延々続くのんべんだらりとした上りがいやである。生気を吸い取られるのだ。坂は、斜度より長さがきく。

富士見からは長野県。諏訪湖へ向けて一気に下るが、道が狭いので、ヤッホー感は薄い。

諏訪から岡谷へかけては平坦路が続く。このへんがちょうど全行程の半分だ。とく

スタートは東京都八王子市にある京王線終点、高尾山口駅前。そこから国道をひた走ること一都４県、294km先のゴールが新潟県の糸魚川。途中、４ヵ所にエイドステーションを兼ねたチェックポイントがある

に暑かったある年は、ドロップハンドルを握ったまままいきなり嘔吐[*1]して、リタイアした。鬼門である。熱中症だったと思う。

岡谷からは最後の大きな峠、塩尻峠だ。でも、勾配はそれほどでもなく、道幅も高速道路のように広い。陽気な峠道である。やがて塩尻峠の第３ＣＰ。１８０㎞を消化したところである。

坂を下りきって、松本市内に入る。土曜のお昼、国道19号はいつも混雑している。ファミレスや大型量販店から出

入りするクルマには要注意だ。松本は大好きな町だが、この日ばかりはもちろん素通りだ。

松本駅の先でR19と分かれ、真北へ向かう3桁国道に入る。ここから大町までの30㎞がぼくにはいつも難行苦行である。平坦に見えて、微妙に上っている。ゆるいカーブをいくつ抜けても、連続デジャブのように、景色が変わらない。しかも、毎年きまって向かい風である。すでに200㎞を越え、疲れも眠気も体の痛みもひとつの極に達している。

しかし、いつになく調子のよかった2000年は、ここで神風が吹いた。強い追い風が背中を押し、ろくにこがなくてもポルシェバイクを30㎞／hオーバーで走らせてくれた。45歳だったこの年の記録、11時間1分がぼくのベストレコードである。

スタートから約230㎞、大町のJAストアにあった最終CPは2008年から20㎞先の白馬に移動した。夕方近くになると、疲労困憊のライダーたちでさながら野戦病院のようだった大町CPがなつかしい。

ゴールまであと45㎞、最終CPの白馬まで来れば、さすがにもう完走が見えてくる。しかもここからは日本海へ向けて下りっぱなしである。

とはいえ、45㎞といえば、東京駅から東海道本線で大船までの距離だ。それを「あ

がんばり続ければ、300km先に感動のゴールが待っている

とひと息」に感じさせるのが300kmである。距離とは、相対的なものであるということに気づかせてくれたのもイトイガワだった。

完走のごほうびは

参加すること15回。こんなツライイベントになんでこだわり続けているのか。それは1年目でやめなかったから、だと思う。2年目からタイム短縮がおもしろくなった。ストップタイムを減らし、走行スピードも徐々に上げていった。しかしそれが祟って、あるときからオーバーペースでつぶれるようになった。

しかし、完走すると、体は疲れていても、1週間ほどは得も言われぬ幸福感に包まれる。脳内麻薬の仕業だろう。あんな気分はイトイガワでしか味わえない。

逆にリタイアすると、1年間落ち込む。それでやめたら、鬼やめだろうと思うから、翌年のリベンジを期して、練習する。完走できたら、キモチいいので、またしたくなる。で、やめられずに今に至る、というのが正しい。でも、何かを続けるというのは、意外とそんなふうに、ぜんぜんカッコイイものでも、すっきりしたものでもないのだと思う。

毎年2月に入ると、エントリー用紙が送られてくる。リピーターだから、名前や住所はすでにプリントされている。出場回数の欄も、去年より1回多くなっている。

「まさか出ないってことじゃないだろな……」という無言のプレッシャーが痛い。イトイガワライフ・ゴーズオン。

＊1　**嘔吐**　この年以降も後半で嘔吐してリタイアという結果が続く。胃の噴門がユルイ逆流性食道炎体質なのに、脱水状態を警戒して、走行中、クエン酸飲料をガブ飲みしていたのが原因だったようだ。

第2章

ロードバイク、始めの一歩

初めてのロードバイク選び

自転車、ナンボのもん？

スポーツ自転車、とくにロードバイクは高価である。ママチャリしか知らない人に、自転車で10万円と言ったら、のけぞるほど驚くが、ロードバイクはそのへんが下限だ。

'93年に初めて買ったロードバイクは、18万円だった。上野の専門店〝横尾双輪館〟のホルクス。スチールフレームのオリジナル自転車である。採寸用の自転車にまたがって、まずフレームサイズを測ってもらう。フレームはサイズ違いのものが作り置きしてあるから、フルオーダーではなく、セミオーダーである。色見本から塗色を選び、付けるパーツやホイールやタイヤを決め、出来上がるまでに1ヵ月ほどかかった。ホルクスは今でも同じシステムと内容で販売されているが、２０１５年は25万円になっていた。

こうしたオーダー車に対して、より一般的なのが、服で言えば既製品にあたる完成車である。最近はカーボンフレームでも20万円をきるようになってきた。

完成車を買う場合でも、まずいちばん大事なことは、自分の体格に合ったサイズを選ぶことである。人間というエンジンの能力を最大限に使うためには、エンジンの位置決めをしっかりやらないといけない。多少、大きくても小さくても、なんとか乗れてしまうニッポン固有種の〝ママチャリ〟とロードバイクを一緒くたに考えてはいけない。

昔、デローザに取材に行ったとき、同行の編集者が記念にチタンフレームを買った。採寸用自転車を使うのかと思ったら、本人を床に立たせて、ウーゴ・デローザ御大自らが巻き尺でサイズを測った。まるでフルオーダースーツをつくっているようだった。それくらい、ロードバイクという乗り物は「サイズもの」である。サイズ選びを適当にはしょって、在庫売らんかなで展示車を薦めてくるような店では買わないほうがいい。

いちばん大事なのは〝エンジン〟だ

ロードバイクは、フレームとそれ以外で成り立っている。それ以外とは、ギア、変速機、チェーン、ブレーキなどのいわゆる「コンポ」と、ホイール、タイヤなど。ざっくり言うと、動く部品のことで、「パーツ」と総称したりする。メーカーおまかせの完成車の場合、値段によってパーツのグレードがほぼ決まる。

初めてロードバイクを買うとき、予算はどれくらいが適当かという問題。考え方ひとつだが、2015年現在、完成車だと20万円くらいが妥当かなと思う。これくらい出せば、十分、競技にも使えるパーツが付いてくるし、これくらいの自転車に付いてくるフレームなら、あとでパーツをグレードアップする楽しみもある。

クルマに比べると自転車は安い。そのため、クルマからドロップアウトしてきたおじさんなんかが50万円以上する高級ロードバイクをポンと買ったりする。それはいいのだが、現実的な話をすると、自転車は自転車である。

クルマの世界では、2億円出すとブガッティ・ヴェイロンが買えて、それは時速400㎞の最高速を約束する。だが、自転車は違う。人が乗るロードバイクで最も重要なパーツは、人間というエンジンである。カーボンのモノコックフレームも、完組み軽量エアロホイールも、電動変速機も、人間エンジンに比べたら、所詮〝たかが自転車〟である。

たとえば、いま18％の激坂を上っているとする。心拍はとっくにレッドゾーンに達し、鼓動が耳の中で聞こえている。酸欠で頭もクラクラしている。フトモモの筋肉は痙攣しかけている、なんていうときに、自転車の優劣なんて「カンケーねェ！」である。機材は人間エンジンを凌がない。機材は体調を凌がない。

もちろん、人間エンジンのショボさを可能な限り機材で補うという考え方は〝あり〟だ。しかしそれも程度問題。どうやったって自転車はクルマのように「カネかけたもん勝ち」にはならない。自転車をチューンナップするということは、まず人間エンジンをチューンナップすることであるべきで、それがすがすがしくもすこやかな自転車ワールドの魅力であり、醍醐味だと思う。

高くても、コケます

ぼくがこれまで買った自転車でいちばん高かったのは、40万円弱のイタリア製ロードバイクである。スポーツ自転車に乗り始めて数年後だから、'90年代の半ばだ。フレームが20万円で、残りがカンパニョーロのコンポを始めとするパーツ類。最高級コンポの〝レコード〟だとグンと高くなるので、2番目の〝コーラス〟[*1]にした。最初から予算はそれくらいと決めていたし、なによりその年式のコーラスは**クランク**のデザインがレコードより断然カッコよかったのである。

初めての〝ガイシャ〟だったので、納車当日の夜はホント、いとおしくて**ベッド**[*2]**の脇**に置いて寝た。それくらいうれしかった。そしていよいよ待ちに待った初こぎの

ハンドルをフラットバーに換え、ギアをシングルに改造したホルクスの現在の姿。一見、気軽なシティバイクふうだが、実は固定ギア

日、家を出て1kmも行かない近所の道で、ぼくはいきなりコケた。路地から急に飛び出してきた中学生に真横を突っ込まれ、横転したのである。ビンディングペダルを付けてひっくり返ったまま見上げると、青空をバックにびっくりした顔の中学生がいた。スピードが遅かったので、怪我はなかった。自転車もハンドルのバーテープに擦過傷を負う程度で済んだ。中坊もすぐに謝ってくれたから、許した。「気をつけろよなあ」くらいは言ったと思うが。

こういうことが、簡単に起こり得るのが自転車である。だから、あんまり高い自転車に乗るのはお薦めしない。もらい事故で落車して、「テメー、これ、いくらだか知ってんのかあ！」と、心の中で叫んだところで、普通の人は知っちゃあいないのだ。天下の公道でそんな自転車に乗ってる人間のほうがハタメイワクかもしれないのである。2万円のママチャリが130万円のトヨタ・ヴィッツだとすると、30万円のロードバイクだって、かける15で2000万円のフェラーリに匹敵する。フェラーリはだれの目にもフェラーリだが、自転車はどんなに高いロードバイクだって、興味のない人が見れば〝チャリンコ〟である。覚悟して乗りましょう。

＊1　クランク　ペダルとクランク軸をつなぐアーム。自転車左側のクランクはアームだけだが、フロントギアと繋がる右側のアームは、その形状からスパイダーアームと呼ばれる。

＊2　ベッドの脇　自転車は、ベッドの脇に置いて寝られる最も大きな乗り物である。これ以上大きいと、もはや一夜をともにすることは不可能。

ビンディングペダルに戸惑う

靴とペダルをくっつけるの⁉

ロードバイクに乗り始めて、いちばん驚いたのはビンディングペダルの存在だった。専用シューズを履き、その靴底に出っ張った金具をペダルにバチンとはめ込む。ロードバイク乗りは、そうやって足とペダルを固定して、こぐ。ふだん乗りの実用自転車の世界にはないオキテである。

だいたい、スポーツ自転車にはいろいろむずかしいしきたりが多い。クラブに所属して、先輩からあれこれ教えてもらえるような環境だと軟着陸もできようが、ぼくのようにトシをとってから無手勝流で乗り始めると、知らぬまにトンチンカンなことをやっていることも少なくない。

やはり初心者のころ、自転車雑誌の編集者と話していたら、「エッ、パンツはいて乗ってるんですか⁉」と驚かれて、こっちが驚いたことがある。股間にパッドが入った伸縮性の高いサイクルパンツ、いわゆる〝レーパン〟は、素肌につけるのが常識だということを知らなかったのである。

「だってカバタさん、パンツはいたまま、水泳パンツつけないでしょ」と言われたが、でも、自転車は水泳じゃないだろというのがぼくの見解である。べつにレーパンの下に普通のパンツをはいていたって、なんの不都合もなかったから、そうしていたまでだ。そのときに聞いた話では、パンツをつけっぱなしだと、生地の厚みで余計な鬱血を誘うといった実害もあるらしいのだが、今でもぼくは下にパンツをはいたままである。

しかし、ビンディングペダルのほうは戸惑いながらも馴染んだ。この手のペダルには、いくつか代表的な規格があるのだが、ぼくはルック・タイプで洗礼を受けた。スキーのビンディングで有名なフランスの〝ＬＯＯＫ〟が始めた方式だ。

目的は「人車一体」

ビンディングのメリットは「高効率」である。足の力がもれなくペダルに伝わる。踏んで踏んで踏みまくれ！　というレースの世界では、不可欠の装備である。固定されているので、〝引き足〟も使える。ペダルを踏むときだけでなく、引き上げるときもパワーが出せるのだ。足首にひねりの力を加えれば、ロックは外れる。おかげで、頻繁に足着きを迫られる町乗りでも使うことができる。

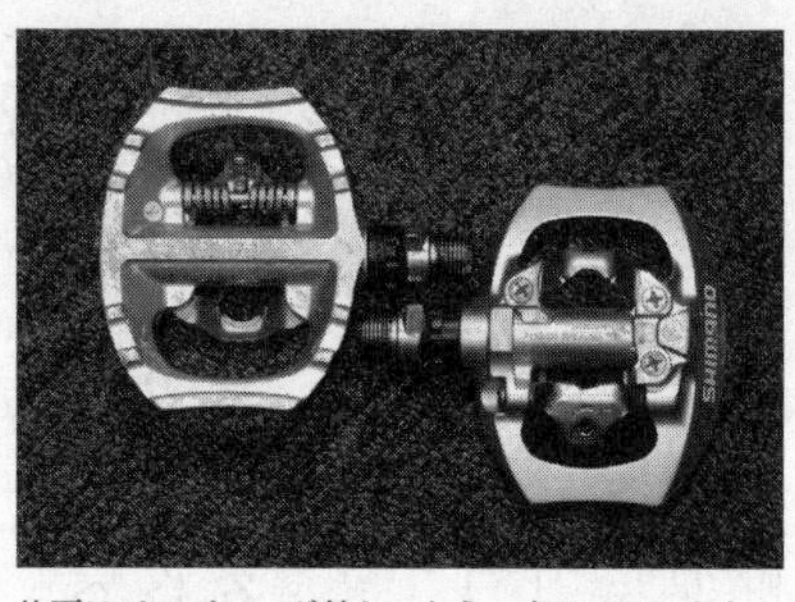

片面はビンディング付き、もう一方はフラットという便利なペダルもある

とはいえ、一度も〝立ちゴケ〟を経験せずにビンディングペダルに慣れたというライダーは、少ないのではないか。不意に障害物が現れて、リリースが間に合わない。あるいは、外したつもりが外れていなくて、あえなく自転車もろとも横倒し。それも歩行者の溜まった交差点なんかでやっちまうことが少なくない。ビンディングペダルと硬いサドルが、ロードバイクにクジける二大要因と言われている（？）。

ガチンコペダルと付き合い始めてから6〜7年経って、急にビンディングペダルをやめた一時期がある。たしかにこれは高効率で、**フラットペダル**[*1]では真似のできない引き足が使える。でも、引き足ストロークのときも足が仕事をしているということは、そのときも足に負担をかけているということである。そんなにがめつくカラダを酷使しないで、休めるときは休んでもらおうじゃないの。そう考え始めたのだ。それでビンディングペダルをやめたら、たしかにロードバイクに乗ることが途端に気楽になった。しかし、フラットペダルで出たイトイガワは全戦全敗、ことごとくリタイアした。いま思うと、あのころが自転車生活の倦怠期だったのだろう。

その後、再びビンディングペダルに戻ったのにはきっかけがある。佐渡の激坂[*2]をフラットペダルで下っているとき、死ぬかと思ったのだ。舗装の凸凹で自転車が暴れ、片方の足がペダルから外れたのである。お尻がサドルから前に滑り落ち、バランスを崩してあやうく転倒しかけた。

ペダリングの効率だけがビンディングペダルの効用ではない。自転車をハイスピードで走らせるなら、ライダーと自転車は常に一体になっている必要がある。ビンディングペダルは人車一体になくてはならない重要部品なのである。

＊1　フラットペダル　ビンディング機構の付いていないノーマルペダルのこと。踏面に出た何本もの短い鋲がシューズのソールに食い込み、多少の固定効果をもつペダルもある。

＊2　激坂　激しい急坂のこと。国語辞典には出ていないが、自転車乗りの実感から生まれた言葉である。

チューブラーかWOか

タイヤにおけるふたつの流派

ロードバイクのタイヤには、チューブラーとWO（ワイヤード・オン）というふたつの形式がある。次はこっちにしようと、簡単に付け換えるわけにはいかない。それぞれに対応するホイールの形式も異なるからだ。最近になって、チューブレスという新種も出てきたが、ぼくは使ったことがないので、ここでは触れない。

チューブとタイヤが一体になったチューブラーは、そのタイヤをホイールに接着剤でくっつける。そのため、タイヤ交換は「タイヤを貼る」という言い方をする。ぼくが乗り始めたころは、まだチューブラーが主流だったのだが、ロードバイク新生活時代、ビンディングペダルに次ぐカルチャーショックがこれだった。

その後、ロードバイク用のWOタイヤが出回り、急速に普及して、現在は優勢になった。昔からママチャリを含めた実用自転車やMTBはWOだった。ロードバイク用のWOタイヤでも、グリップ性能や重量の問題が次第に改善され、性能が向上したのである。

かくいうぼくも、今はWO派だ。性能を吟味して転向したわけではない。そもそもタイヤの性能を正しく評価するような能力はぼくにはない。

ある晩、家でチューブラータイヤを貼り換えていた。指に力がないので、ホイールにタイヤをはめきる最後の力仕事でいつも四苦八苦する。そのうち、接着剤がタイヤやホイールや手や服について糸をひき始める。気がつくと、部屋の中でクモの巣に引っ掛かったオヤジみたいになってしまう。その晩もそうだった。それで決心したのである。いいトシして、もうボンド遊びはやめよう！

チューブラーもWOも、使った〝感じ〟は似たり寄ったりである。仮に目隠しテストをしたところで、どっちがどっちなんて言い当てるのは、プロの選手でもむずかしいのではないか。耐パンク性能もしかり。パンクするときはする。新品に換えたばかりのファーストランでパンクした経験が、チューブラーでもWOでもある。タイヤ交換にかかる手間や苦労も両者似たりよったりだと思う。

初心者にはWOがお薦め

それでも、レースの世界ではまだチューブラーが主流だ。知り合いの熱烈なシンパは「WOは、下りのコーナーでパンクを経験するまでのタイヤだよ」と言い放つ。たしかにチューブラーがひとつ明らかに優れているのは、走行中にパンクしたときの安全性である。

WOは、パンクして完全にエアが抜けると、タイヤがホイールから外れてしまう。剝きだしのホイールが接地したら、とても走ることはできない。

それに対してチューブラータイヤは接着剤でくっついているから、すぐにホイールが裸になることはない。パンクしたまま低速で走ることが保証されている自動車用ランフラットタイヤほどではないにせよ、ペッタンコのままでもなんとか路面をグリップすることができる。

かつて世界選手権のロードレースで、スペインのアブラアム・オラーノがレース終盤に後輪のパンクに見舞われた。しかし、彼はラスト数㎞をそのままほぼレーシングスピードで逃げ切って、優勝した。チューブラー派のあいだでは語り草になっている出来事である。

でも、これからロードバイク生活を始める人には、断然WOをお薦めする。なんといってもコストパフォーマンスにすぐれるからだ。タイヤとチューブが別なので、WOはパンクしても1本何百円かのチューブだけを交換すればいい。ママチャリのパンク修理みたいにパッチを当てて済ませればもっと安く上がる。ところが、チューブラーはパンクしたらタイヤをホイールからベリベリっと剝がして、全とっかえである。
高性能タイヤだと5000円以上する。

ロードバイクのスピード

スピードメーターを付ける

スポーツサイクリストと、そうでないサイクリスト、言い換えると、趣味で自転車に乗っている人と、単なる実用のアシとして乗っている人、その手っ取り早い見分け方は、自転車にスピードメーターを付けているかいないかではなかろうか。

自転車に速度計を付けると、スピードが目的になる。スピードを出すために自転車に乗りたくなる。付けている人はたいていそういう〝段階〟を経験しているはずだ。

息子が中学生のころ、自転車にスピードメーターを付けてやろうかと思ったが、やめた。ぜんぜんスポーツサイクリストじゃない息子が、それでへんに目覚めたりして、すぐ近所の急坂で記録挑戦でも始めたらコトだと思ったからだ。昔、近くのおばあさんが、その坂を自転車で下り、電柱にぶつかって死んでしまったのである。

自転車用スピードメーターは、液晶のデジタル表示だ。「24・2km／h」というふうに**コンマ1桁**[*1]までの速度が出る。クルマの世界だと、デジタル速度計は増えそうでいて増えないが、自転車の場合、針で示すメーターはほとんど例がない。クルマに比べると絶対スピードが低いし、使う速度域も狭いので、数字そのものを教えるデジタル表示のほうが合っているのだろう。

以前、スペシャライズドが液晶を使ったアナログふう速度計を出したことがある。クルマのメーターのように、針が盤面をグルリと回る。しかもフルスケールは100km／h。ふだん町なかを20km／hそこそこで走っていると、宝の持ち腐れという感じで寂しかった。

競輪場でタイムトライアル

ロードバイクに乗り始めてすぐのころ、立川競輪場のバンクを走れるというイベントがあり、おもしろがって参加した。自分の自転車で1kmを全力で走る[*2]「0～1000mトライアル」をやらせてくれたのだ。立川は400mトラックだから、2周半である。

当時、30代後半だったぼくのタイムは1分38秒だった。男子の世界記録は1分を切るか切らないか。競輪学校はたしか1分10秒を切らないと入れないんじゃなかろうか。のちにこのときのタイムを元競輪選手に話したら、「38秒！」と笑いながら驚いて、「レーサーに乗れば、もう少し速いはずですよ」と慰めてくれた。〝レーサー〟というのは競輪用の自転車のことだ。ちなみにこの0~1000m加速というのは、スポーツカーでも重要な性能指標のひとつで、ポルシェ911だと22秒くらいで走る。やっぱりクルマは速い。

その日のイベントでもぼくのタイムはビリのほうに近かったが、それでもゴール直後は息が上がり、足に溜まった乳酸が沸騰して、もうどうにかなっちゃうかと思った。「〝セントラ〟は最後までペースを考えて走んなきゃいけないんだよ」と、あとで競輪場の人に言われたが、そんな余裕もあらばこそだった。スピードメーターに残った記録を見ると、そのときの平均速度は36㎞/h台。最高速は48㎞/hだった。

それにひきかえ、ヨーロッパのプロ選手のスピードには啞然とする。とても同じ人間とは思えない。ツール・ド・フランスの中継などで、ときどき併走する報道用バイクのメーターが画面に映るが、集団のペースが上がると、平坦路でも70㎞/hを超えていたりする。しかも峠をいくつも越して200㎞近く走ってきたあとに、そんなハイスピードを持続するのだから恐れ入る。長い下りなら平気で100㎞/hを超す。

前述のスペシャライズトなら、メーターを振り切ってしまうわけだ。固定した目盛りを針で示すメーターが自転車で使われないのは、乗る人によって、あまりにもスピードのバンドが違いすぎるからかもしれない。

＊1　コンマ1桁　そんな細かいところまで出なくてもいいのでは？　なんて思った人はロードバイク未経験者である。とくに向かい風のなかをイッパイイッパイでこいでいるときなどは、コンマひと桁の差が体感できるし、意味を持つ。

＊2　0～1000mトライアル　静止状態から1000m先のゴールまで、単独走でひたすらモガく競技。オーバルトラックで行われる。このタイムが自転車競技者の走力を表すひとつの目安になる。関係者は〝セントラ〟と呼ぶ。

すね毛、剃るか剃らぬか？

ローディーはカッコで走る

レーシングスーツを着て、フルフェイスのヘルメットをかぶって、そのへんの道路をクルマで走っていたら、おかしいだろう。そんな人はいない。

ところが、そんな人があたりまえなのがロードバイクの世界だ。ロードバイク乗りの多くはプロチームのジャージを着て颯爽と走っている。ヘルメットもツール・ド・フランスでプロが使っているのと同じものだ。おカネさえ出せば、自転車もプロチーム用と同じものに乗れる。そうなると、レーシングウェアに身を包み、一般公道をF1マシンで走っているのと一緒である。

ぼくはプロチームのレプリカ・ジャージを1枚も持っていない。たいてい派手すぎて気がひけるのと、あれを着ると、遅く走るのがみっともないような気がするからだ。でも、そんなふうに考えるのはこの世界では少数派で、とくに体力の萎えたおじさんライダーたちは、その分〝カッコで走る〟のに心血を注ぐ。

もうひとつ、ロードバイク乗りの常識で世間さまを驚かすのは、すね毛問題である。プロのライダーは常にすね毛を剃っている。競輪選手もそうだ。素人のホビーライダーも自転車にのめりこむにつれ、手入れする人が増える。理由はいろいろ言われている。落車して怪我をしたときに、毛がないほうが治療がしやすいという説。しかし、これは屁理屈だと思う。

プロ選手は、走り終わってから、足のマッサージを受ける。そのときに、毛深いと毛が引っ張られて痛いという説。これも屁理屈に近いだろう。どちらにしても、素人ライダーには当てはまらない理由である。

オレのエンジンを見ておくれ

しかるに、なぜすね毛処理に走るのか。簡単に言えば、ロードバイク乗りはみんな〝足フェチ〟だからである。ロードバイクに乗っていると、足フェチになるのだ。フェチという言葉がきつければ、足コンシャスだ。

自転車のエンジンは人間だが、その人間エンジンを最もわかりやすく体現しているのが、足である。クルマにたとえると、ライダーの足はエンジンのクランクシャフトである。すね毛を剃ってツルツルにするのは、クランクシャフトを軽量化したり、バフがけしたりするのに似ている。多かれ少なかれ、みんなわがおみあしに自信をもっているから、外側もきれいにするようになる。プロ選手だと、すね毛ボーボーじゃあ、スポンサーも喜ばないということがあるだろうし。

自転車の世界ではヒゲも人気がない。ロードの選手で、ヒゲづらというのはあまり見かけない。考えてみると、アスリートとヒゲは相性がよくないのかもしれない。口ヒゲの短距離ランナー、あごヒゲを伸ばした走り高跳びの選手、そうそういない。

足に話を戻すと、ぼくも春になってサイクルパンツを長いのから短いのに衣替えすると、まずやるのがすね毛剃りだ。最初はすごく抵抗があった。それどころか、男のくせにすね毛を剃るなんて、キモチワルイと思っていた。

だが、一度やってみると、ツルツルになった足に思いのほか抵抗はなかった。こんな人間エンジンでも徐々にパワーアップを果たし、足もトルクアップするにつれて、ますます「剃るのがあたりまえ」と思うようになった。

フィリップスの電気カミソリについている〝きわ剃り〟でジーッとやっていると、ときどき中高生の娘や息子に見つかって、騒がれる。親父がすね毛を剃っているのは、やっぱりすごくキモチワルイらしい。

心臓にタコメーターをつけた理由

人間エンジンの回転数を知る

バイクライドやランニングのとき、心拍計を着けて走る。英語でいえば〝ハートレート・モニター〟。胸に巻いたトランスミッターで心拍を拾い、腕時計型のレシーバーにその数値を表示する。人間エンジンのタコメーターだ。

プロスポーツの世界で、心拍トレーニングはいまや常識である。ぼくみたいな素人でも、心拍計は有効だ。自転車に乗ったり、ランニングしたりすることの楽しみのひとつに、〝心拍計を見ること〟が加わった。とくにランニングなどはカラダひとつでやるスポーツだから、モノにこだわりたいおじさんとしては、少々さびしいものがあったのだが、そこに救いの手を差し延べてくれたという効用も無視できない。

なんていうのは半分冗談。心拍計の最大の効用は、体のコンディションを心拍というマトリックスで客観視できることである。

心拍計を使うようになって、自転車に乗るときはほとんど心拍計しか見ないようになった。1ヵ月前はこの坂の頂上で160拍だったのに、今日は150拍で上れた。

道理で楽なはずだ、と考える。心拍計を使う以前は、スピードメーターを見ていた。苦しくても絶対に10㎞／hはきるまい、というような考え方をしていた。そこにはそのときの自分のコンディションという評価項目がない。無茶である。少なくともレイトスターターの中年ライダーが続けていいはずはない。

ランニングするときも、たとえば走り始めてから何㎞でおよそ何拍まで上がっているはずという、自分の〝エンジン性能〟を摑んでいれば、無理をすることがなくなる。今日はシンドイと思うときは必ず、心拍がふだんより高くなっている。大きなランニングイベントに出ると、スタート直後の密集のなかで自分のペースを見失いがちになる。本番ホルモンが出ていることもあり、ともすると速い人についていってしまう。それでオーバーペースに陥り、自滅。ありがちなこうした失敗も心拍計があれば防げる。

レーシングカーにはスピードメーターがついていない。ドライバー正面に位置するメインの計器はタコメーターである。スピードは〝結果〟に過ぎないから、ドライバーは知る必要がないのである。クルマの性能を最大限使うには、まずエンジンの回転数を正確に知ることがなによりだ。心拍計の大切さもおもしろさも、その点でまったく一緒である。

ドロップハンドルの魅力

ロードバイクがカッコいいワケ

ロードバイクの基本条件とはなんだろう。なにをもって自転車はロードバイクに分類されるのか。

それはドロップハンドルだと思う。欧米の自転車カタログ誌を見ていても、ロードバイクの項に載っているのはすべてドロップハンドル車だ。フラットバーやアップハンドルが付いていると、たとえ変速機やタイヤなどのパーツがロード用でも、「シティバイク」に分類されている。ドロップハンドルはロードバイクの顔なのだ。

以前、古いロードバイクをレストアしたついでにハンドルをフラットバーに交換した。カッコいいシティバイクに変身させたつもりだったのだが、なぜかその後、あまり乗らなくなってしまった。ドロップハンドルを取ったら、気の抜けたロードバイクみたいになってしまって、乗る気が起きないのである。

ドロップハンドルの機能上のメリットは、いろいろなポジションがとれることだ。いちばん上のフラットな部分、ブレーキレバーがつくブラケット、さらにその下の曲線部分、大まかに言うと、この3ヵ所を握り分けることで姿勢が変えられる。マルチにポジションがとれるから疲れないといわれる。

でも、ロードバイクの基本姿勢は前傾だから、常に首をグイと上げておかなければならない。慣れないうちは大変だ。ぼくはとくに猪首なので、乗り始めのころはツラかった。ハンドルの高さを上げてやれば、前傾は弱くすることができるが、途端にカッコわるくなって、元も子もない。前傾姿勢がいやな人に、ロードバイクはお薦めできない。

ドロップハンドルにつきものなのが、バーテープである。どんなにフレームやコンポーネントが進歩しても、ハンドルにテープを巻くのは変わらない。

バーテープの効用は衝撃吸収とグリップ性だ。ブレーキなどのケーブル類を隠す役割もある。費用対効果を考えるとこれ以上、これ以外のソリューションはないのだろう。そういう意味では、クルマのワイパーに似ている。昔、チネリが高級傘の柄みたいにハンドル全体を革でカバーしたことがある。高級感があってカッコよかったが、定着しなかった。

新しいバーテープに換えると、気分も変わる。でも、自分でバーテープをきれいに巻くのはむずかしい。巻きの向きや、ピッチの幅や、終端部の仕上げなんかにこだわりだしたらきりがない。専門店でもうまい人とヘタな人でははっきり差が出る。うまい人がやると、きれいなだけでなく、長く使ってもユルみが出ない。ぼくは不器用なのでいくらやってもきれいにいかないが、たまにちょっとうまくいくと、半日くらい気分がいい。

車道か歩道か

車道をうまく走るコツ

自転車は車道を走るのが原則だ。２００８年の道路交通法改正ではっきりとそう謳われるようになった。しかし、ルールはどうあれ、ドロップハンドルが付き、指より細い高圧タイヤを履くロードバイクに乗ってみれば、これが歩道を走るべき自転車でないことは直感的にわかるはずだ。言われなくたって車道を走りたくなるのがロードバイクである。

でも、車道デビューを果たしたころを思い出すと、最初は怖かった。クルマと伍して走るには、一瞬だってボーっとしていられない。なぜなら、クルマの多くはボーっとしているから。

車道を走るようになると、途端に平均スピードが上がる。どんなに舗装の質が悪い車道も、歩道よりはフラットで平滑にできている。逆に言うと、ある程度のハイスピードに慣れないと、車道は走れない。覚悟がいるのである。

車道を走るのがうまい自転車乗りといえば、バイクメッセンジャーのライダーだろう。ドライバーのなかには悪く言う人もいるが、ぼくはいつも車内から感心して見ている。彼らの走りにヒヤっとさせられたことはないし、邪魔だと思ったこともない。うまい証拠なのだと思う。ニューヨーク、マンハッタンの元祖メッセンジャーたちは、口にホイッスルをくわえて、サッカーの審判みたいにピーピー鳴らしながらクルマを蹴散らしていくが、日本にはもちろんそんな図々しいやつはいない。

有名なティーサーブで働くメッセンジャーのなかでもいちばんグレードの高い〝マスター・オブ・プロ〟に話を聞いたら、安全に走る秘訣は「一点だけを見ないこと」だと言った。視野を広くとって、自分とまわりとの関係を常に確認する。その人は、同僚ライダーから「走行中にしょっちゅう後ろを振り返りますね」と言われるそうだ。

臨機応変が第一歩

旧国道20号の日野橋で死ぬかと思ったことがある。狭い車道の左端を走っていたら、ブルドーザーを運ぶような幅広の特大トレーラーが、すぐ脇を空荷でブッ飛ばしていったのだ。歩道の段差とのあいだに挟まれて、右足があわや鋼鉄の荷台に接触するところだった。大型車のドライバーのなかには、車道を行く自転車乗りを殺そうと思って走っているとしか思えないような人がいる。

このとき以来、交通量が多いとき、日野橋では歩道を走るようにした。ママチャリは以前から歩道を走っている。歩道は狭いが、前から来たら、こっちは欄干側にでも自転車を寄せて待っていればいいのである。歩道を走るなんて、ロードバイク乗りの沽券にかかわると思っている人がいたら、考えをあらためたほうがいい。なにより「臨機応変」が交通安全の第一歩である。

他の交通以外に車道走行で気をつけなければならないのは、ガラスやプラスチックの破片だ。追突事故などで飛び散った残骸が、路肩に吹き溜まっていることがよくある。ロードバイクのデリケートなタイヤで踏むと簡単にパンクするので要注意だ。とくに雨天は細かい残留物が水で洗われて鋭利になっている。そのため、雨の日はパンクしやすい。

あと、滅多にないとはいえ、犬や猫の死体もコワイ。たいてい路肩の自転車が通るあたりでお陀仏になっている。

このあいだも、ちょっとよそ見したあと視線を走行ラインに戻したら、恨めしげに口を開けた猫の死体と目が合って、ギャッとたまげて落車しかけた。いや、半分頭が欠けていて、目の玉はなかったのだが。

自転車と痛み

痛みはトモダチ!?

スポーツ自転車に乗ることがスポーツだとすると、自転車に痛みはつきものだ。スポーツなのだから、あちこち痛くなることはある。

それで感動したのは、マラソンの有森裕子選手が現役時代に語った言葉だ。「痛みは、トモダチですから」。ちょうどあちこち痛めていたときだったので、このセリフには仰天した。トモダチかよ!?　プロの境地ってスゴイもんだと思ったが、以後、ぼくも見習って、痛みにはあまり神経質にならないようにしている。消しゴムと同じで、人間のカラダも、使えば必ず減るのである。

ロードバイクに乗り始めて、まず最初にだれしも経験するのは、お尻の痛みだろう。座布団みたいなママチャリのサドルに比べると、スポーツサドルは細くて硬い。当然、尻や股に負担がかかる。ぼくはもともと痔の気があったので、乗り始めた当初はそっちの具合も悪化した。けれども、距離を重ねるうちに治まった。サドルの硬さにもお尻が慣れていった。

膝の痛みもそうで、一時は病院へ行ってレントゲンを撮ってもらったりもしたが、とくに異常なし。これも騙しだまし走っているうちに気にならなくなった。

ちなみに、自転車に乗っているとき、急に膝が痛みだしたときは、降りてヤンキー座りをしてみることをお薦めする。和式便所を使うときの座り方だ。自転車に乗ったままでも、ビンディングペダルを付けている場合なら思いっきり〝引き足〟を使ってみるのもいい。どちらも、膝の関節や、そのまわりの腱を引っ張ることになるらしく、痛みが消失することがある。いっぺんお試しを。

お尻の痛みは100%解消する

お尻の痛みの場合、手っ取り早い方法はサドルの交換である。かつてロードバイク乗りがサドルを換えるといえば、もっぱら軽量化とカッコが目的だったが、今は乗り心地を改善できるコンフォートサドルがいくらでもある。大きな専門店などは、せめて止まったままでまたげるような〝試乗コーナー〟をつくってくれるとありがたいと思うが、ないものねだりをしてもしかたない。そんなに値の張るものでもないから、サドル選びは授業料くらいに考えたほうがいいかもしれない。

座面の広い、柔らかいサドルにすれば、痛みはまず消える。ただ問題は、そういうコンフォートサドルが細身のロードバイクに似合うかどうかだが、座っちゃえばわからない、と考える実用主義者なら、さっさとそうしたほうがいい。

いずれにしても、エントリーライダーが経験する肉体的苦痛は、たいていが慣れれば治る種類のものである。だから、痛みであまり簡単に自転車をあきらめないように。仲間内ではよく「いちど焼いちゃえば大丈夫だよ」なんて言い方をする。

第3章

サイクリングへ行こう

ご近所の川を下ろう

自転車でどこへ行ったらいいのかわからない

自転車の世界には〝ポタリング〟という言葉がある。おばあちゃんのぽたぽた焼(亀田製菓)みたいな響きだが、調べたら、英語の〝pottering〟。自転車に限らず、「ゆっくり、目的もなくブラブラすること」らしい。

でも、その目的もなくブラブラするのがむずかしいんだよなあとお嘆きのかたもいると思う。スポーツ自転車を買ったはいいが、どこをどう走っていいかわからない。用事のアシ以上の使い道が見つからない。市街地の住人はとくにそうではないか。

家から多摩川サイクリングロードまで5km、自転車環境には恵まれた多摩地区に住むぼくも、スポーツ車に乗りたてのころはそうだった。ウインドウズ95もまだない昔だから、いまほど情報があふれていない。そもそも多摩川沿いにサイクリングロードがあることすら知らなかった。

そんな若葉マークサイクリストにお薦めしたいのが、「ご近所の川下り」である。もちろん遡ってもいいが、とにかく川づたいにブラブラ走ってみる。多摩川のような大きな川の行く先は知られているし、距離も長くてオオゴトになりかねない。だから、あくまでご近所の川というのがミソである。

下調べ無用

ウチからそう遠からぬところに、野川公園がある。調布、小金井、三鷹の3市にまたがる大きな都立公園で、週末には大勢の人で賑わう市民の憩いの場だ。その中を、野川が流れている。水量は少ないが、両岸に土と緑が残されたイイ感じの小川だ。

この川を初めて下ったのは、調布にあるカーディーラーに自分のクルマを定期点検に出して、積んできたポルシェバイクで帰ろうとしたときだった。すぐ前の道路が下り坂だったので、ついそっちへおりてゆくと、細い川が橋の下を横切っていた。方角から察すると、野川に違いなかった。ということは、遡れば野川公園に出て、自宅にも近づくことになるが、天気もいいし、時間もあるし、せっかくだから、下ってみよう。出来心でフト、そう思ったのだ。このへんの小規模河川なら、いずれ多摩川に合流するはずだが、多摩サイを走っていて、野川の流れ込みを見た記憶はない。いったいこの川はどこへどう流れてゆくのだろう。ムクムクっと好奇心が湧いたのである。

ここで大切なことをひとつ。ご近所の川下りをする場合、地図やスマホで下調べをするのは野暮である。楽しさが半減する。なんの準備もせず、できれば、発作的に挙行するのがいい。

方向音痴でもできる

野川は東京のベッドタウンを流れているとは思えないほど牧歌的な川である。両脇にコンクリの護岸はあるはずだが、たいてい草木や土に覆われている。野川公園内で見せた小川の風情が、下流まで続いている。遊歩道は完備されているが、交叉する道路によって分断されるし、道幅も狭い。多摩サイに比べたら、ローカル線さながらだ。だから、とくにロードバイクはスピードの出し過ぎに注意である。

でも、幸いにしてロードバイクは、実はポタリングペースで走っても楽しい。大パワーのアンプとスピーカーが、小さな音で鳴らしてもイイ音を聴かせるように、ロードバイクでゆっくり走ると、かえって転がりのよさやフレームの剛性がしみじみ実感できたりして、あらためて惚れ直す。

野川を初めて下ったとき驚いたのは、狛江市を抜けると、世田谷区の成城に入ったことだった。野川は有名な高級住宅地にも顔を出していたのだ。そういえばそのあた

り、コンクリ護岸を覆う緑に人の手が入り、ちょっとお金持ちっぽくなっている。

さらに驚いたのは、多摩川との合流地点である。東急電鉄・二子玉川駅から多摩川の上流側を見下ろすと、広い河原の右隅に流れのない水溜まりが見える。小学校のころから通学でこの電車に乗っていたぼくには、見慣れた景色だ。その水溜まりが、なんと野川の終端部だった。鉄橋の付け根にある高架駅の真下あたりで、水溜まりは一部決壊してチョロチョロと多摩川に流れ込んでいた。広い河川敷の端っこに野川がいつ姿を現すのかは、わからない。というのも、多摩川の手前から水路は地下に入り、遊歩道も消失して自転車は多摩堤通りに出されてしまうからだ。野川公園からだと14

㎞。野川下りのゴールは尻切れトンボである。

一方、源流は、国分寺市にある日立製作所中央研究所内の湧水である。頼めば見せてもらえるのかもしれないが、見たことはない。いちど野川公園から遡ってみたが、まるでおもしろくなかった。公園を出てしばらく行くと、川は三面護岸の細い水路になり、そのうち暗渠（あんきょ）になり、人の目から消えてしまうのだ。だから、野川は下るに限る。

川沿いライドのいい点は、ぼくのような極度の方向音痴でも、道に迷う恐れがないことである。どんどん行っても、また同じ川沿いに帰ってくればいいのだから。急坂に出くわす心配がないのも初心者フレンドリーである。

神田川の源流を探して

ご近所の川を遡る

春爛漫。神田川を遡ってみることにした。

東京都台東区柳橋。電車の駅で言うと、ＪＲ総武線浅草橋駅に近いここが、リバーサイドライドの出発点だ。

柳橋といえば、粋な響きの下町だが、現存する橋の名前でもある。リベットが剝きだす小ぶりなアーチ鉄橋は、クラシックカーのように美しい。その下を流れるのが神田川で、これが下流最後の橋にあたる。全長約25㎞の神田川は、柳橋のすぐ先で大きな川に流れ込む。それが隅田川。神田川の上流がウチの「ご近所の川」なのだが、それが隅田川の支流だったとは今回初めて知った。

幅10ｍほどの川の両岸にはコンクリ壁が立ちはだかり、屋形船が並ぶ川べりには下りられない。といっても、間近で眺めていたくなるような川ではない。ゴミは浮いていないが、水はカーキ色だ。

ツーリングメイトは旧知のＳカメラマン。借り物のクロスバイクでこぎだす。けれども、都会の川は最初から思いどおりにいかない。両岸に密集するビルに阻まれて、リバーサイドを辿ることができないのだ。仕方なくしばらくは総武線のガード下を走る。

朝ゴハンはまだだ。下町っぽい気の利いた定食屋はないかと、目を皿のようにして探したが、ガード沿いにあるのは立ち食いソバばかりである。

秋葉原駅近くの小公園で、サラリーマンの一団がタバコを吹かしていた。千代田区内は歩きタバコ禁止で、監視員に見つかると、その場で罰則金を取られる。駅を出てすぐのここが、最後の一服エリアになっているのである。こういう光景を見るたびに、やめりゃあいいのにと思う。

ぼくも自転車を始める前は1日に4箱を消費するチェーンスモーカーだった。吸っていたのはジャストというウルトラライトなタバコで、一箱240円だった。タバコ代で毎年1台、高級ロードバイクが買えるではないか！　禁煙後しばらくはそう言い聞かせて〝復煙〟を迫る悪魔を追い払った。多摩地区の大口顧客がいなくなったせいか、その後ほどなくジャストは生産中止になった。

柳橋から4㎞、湯島の坂を上ってお茶の水橋に出る。神田川には実に150近い橋が架かっている。164mに1本の計算だ。なかでも水面から最も高いところに架かるお茶の水橋からの眺めは、神田川随一の美麗大写真的景観だ。

このあたりは川幅が広く、水量も豊かで、ときたま台船が行き来する。ジェットスキーがやってくることもある。

ここまでほぼずっと総武線沿いを流れている神田川は、飯田橋でほぼ直角に右折して外堀通りをくぐる。飯田橋の上から地下水路を見ていたら、通りがかりの若い女性に挨拶された。だれだっけ……としばらく考えて思い出す。トヨタの広報部の人だった。東京本社はこの近くにある。柳橋あたりに住み、このへんまでカヌーで通勤するトヨタ社員なんて、いたらおもしろい。

人工水路の絶景

神田川のほとりを人や自転車がゆっくり行き来できるようになるのは、河口から約８㎞、文京区の江戸川公園からである。「神田川桜並木」の名で、川の両側を自転車・歩行者専用道路として整備してある。ぼくはひどい花粉症だが、不思議なことに桜が開花するとピタリと治まる。折しも桜満開。平日なのに、そぞろ歩きの花見客でけっこう賑やかだった。

川面に覆いかぶさるように咲いた桜並木の下をしばらく行くと、都電荒川線の鉄橋が見えた。並行する大通りが、明治通りだ。川はそのふたつをやすやすとくぐるが、ぼくらは踏切と横断歩道をエッチラオッチラ渡って、向こうへ出る。新宿区である。昔、「かぐや姫」が歌ったのは、新宿区に入ってすぐ、下落合あたりの神田川だったらしい。ちょっと迂回して西武新宿線の下落合駅に出る。このあたりは今でも貧乏学生ひとり暮らしのメッカなのだろうか。線路際に30年前そのままのようなモルタルアパートが建っている。

再び川沿いに戻ると、道端に「讃岐屋」という甘味処を見つける。結局、朝食にはありつけなくて、おなかがへったのも通り越していた。売店のみでテーブルはなく、その場で食べたい人は、遊歩道に面した丸太の長椅子に座る。あんみつを買って出たら、お茶をサービスしてくれた。

中野区に入ると、Sさんがしきりに「なつかしい」という言葉を連発し始める。近くにある東京工芸大学、彼の時代は東京写真大学と呼ばれた学校が母校なのだ。しかし、東京に長く暮らしていれば、首都の2市13区を流れる神田川からなにかしら思い出を紡ぎ出せる人は多いはずだ。柳橋、浅草橋、万世（まんせい）橋、水道橋、飯田橋、江戸川橋、小滝（おたき）橋など、地名としても有名なこれらは、ぜんぶ神田川の橋である。東京工芸大学の近くに「皐月（さつき）橋」という小さな橋があった。たもとの里程標に「すみだがわ一二・五キロ　みなもと一二・一キロ」と刻んである。ここ中野区本町付近が神田川のちょうど中間地点というわけだ。

相変わらず川は側面も河床もコンクリで固めた、いわゆる〝三面張り〟だ。川というより、水路である。深さは5m弱、幅は8mほど。しかし水量は乏しく、水位は10㎝あるやなしやである。でも、そのおかげで、延々つづく巨大なU字溝がなにかすごく機能的な建造物に見えてくる。ときには鉄道のレールのような美しさも感じる。振り返ると、神田川の水路がかきわけたビルの谷間の向こうに、新宿副都心の高層ビルが浮かんでいた。なかなかの絶景だと思った。

巨大地下貯水池に潜入

いまの時期はほとんど水無し川のように見えても、かつて神田川は台風や集中豪雨で氾濫を起こすことがあった。その対策として、拡幅や分水路の建設などの河川改修が行われてきたのだが、地下でもメガトン級の治水工事が進行している。

杉並区和泉。環七をくぐってすぐのところに、神田川取水施設という円筒形の大きな建物が建っている。その地下40mのところに、神田川は巨大な貯水池をもっている。「環状七号線地下調節池トンネル」である。大深度地下に掘られた直径12・5

m、長さ2㎞に及ぶトンネルで、25mプール800杯分の水を貯めることができる。この貯水トンネルに水を取り込むのが、環七のきわにある神田川取水施設である。

取材を申し込み、中を見せてもらう。エレベーターで一気に地下51mまで下り、二重の密閉扉を開けると、そこがもう調節池の一部だった。たしかに巨大なトンネルである。真っ暗だから、全員がバッテリーライトを持たされる。このときは防災用の消火用水として、10％の貯留を進めている最中で、トンネルの中をずんずん歩いていくわけにはいかなかった。

足元をライトで照らすと、水際のコンクリの上に大きなカエルがじっとしていた。東京のアンダーグラウンドは、こんなことになっていたのである。

ついに源流を発見

環七の外側に出ると、神田川もちょっと牧歌的になる。三面張りの水路様式は相変わらずだが、幅も深さも徐々に小さくなり、小川的な親近感が増す。水も透明度を増す。

高いビルはすっかり姿を消し、周りは閑静な住宅街に変わる。環八に近い浜田山のあたりも、川沿いの桜並木が見事だった。

護岸のコンクリはかなり時代物らしく、黒っぽく変色して、土に還ったように見える。こうなると、人工護岸も、十分、絵になる。

環八を渡って、久我山に近づくころだったか、橋の上で鯉にエサをあげているおばさんがいた。バックパックからパンの耳を摑みだし、下へ撒く。鯉の群れがバシャバシャっと狂喜する。パン屋さんなのか、ふくれたバックパックの中身は、すべてパンの耳らしく、摑んでは投げ、摑んでは投げ、力士による節分の豆まきみたいだ。乗ってきている自転車を見れば、オシャレなチェレステブルーのビアンキである。やっぱり洒落たパン屋のおかみさんか。話しかけて事情を聞きたい気もしたが、ちょっとコワイのでやめる。

川はどんどん狭くなり、水量もますます乏しくなる。そのかわり、河床には菖蒲のような植物が増える。カルガモも登場する。そして、隅田川の流れ込みから延々続いたコンクリ護岸がついに途切れると、そこは井の頭公園である。全長25㎞に及ぶ神田川の源流は、お花見客で賑わう井の頭池だった。なんてことは、走る前からわかっていた。

だが、この数日前、ロケハンを兼ねて、ひとりで初めて走ったときは、本当にわくわくして楽しかった。井の頭池のほうから下ったのだが、最後、柳橋に辿り着き、目の前に隅田川が広がり、プンと潮の香がしたときには、ちょっとばかり感動した。道路が人やクルマの道なら、川は水の道だ。水の道から見ると、道路も町も大都会も、すごく新鮮である。

輪行つげ義春サイクリング

輪行はオヤジを救う

サイクリストが自分の自転車を公共交通機関で運ぶことを「輪行（りんこう）」という。自転車業界のことを「輪界」、自転車屋のことを「輪店」と言ったりした時代の古い言い方だが、ほかにいい言葉が見つからないから、今も使われている。輪行をするときに自転車を入れる専用の袋は、輪行袋とか輪行バッグとかいう。

輪行が好きかと聞かれたら、フツーである。けっして好きではない。なぜなら、自転車は乗るものであって、運ぶものではないからだ。ぼくは不器用で要領が悪いので、自転車をバラして、輪行バッグにきれいに収め、また組み上げるというようなことがヘタクソである。また、気が弱いため、電車のなかで畳半畳はある輪行袋がヒトサマに迷惑をかけているんじゃないか、嫌われているんじゃないかと、気が気じゃない。

だが、100㎞越さないと走った気にならない、とか言っているMオヤジサイクリスト仲間と出かけると、このところ輪行することが増えてきた。帰りに電車を使うのだ。ヘトヘトの、もう走れんわ状態に陥ったとき、輪行で帰ってくるのである。その可能性がある場合、畳むとボトル（水筒）くらいの大きさになる輪行袋を携行していけばいいだけだから、むずかしいことはない。そんなふうに輪行を使うと、これはオヤジのサイクリスト寿命を延ばしてくれるかもなあ、と考える今日この頃である。

鬼才漫画家の旅を訪ねる

中央線の笹子駅まで輪行してきた。ウチから自転車で来ると約90㎞の距離。電車なら4分の1くらいの時間ですむ。

駅前で自転車を組み始めると、待合室にいた登山客が入れかわり立ちかわり出てきて話しかけてくる。日川沿いの峠道へ行くと告げると、以前、MTBで走ったという人がいた。真冬だったので、途中から雪で大変だったが、道は舗装されていて、坂はそんなにきつくないとのこと。情報を持ち合わせていなかったので助かる。

先日、むかし買って積んでおいたつげ義春の『貧困旅行記』を読んだ。『ねじ式』で知られる孤高の漫画家が、貧しかった時代に一人旅や家族旅行をした。率直にもほどがある、と言いたくなるような心象旅行記だ。

つげは、実は長身のイケメンである。〝文通〟相手の看護婦に結婚を申し込まれ

輪行袋を携えて、笹子駅に降り立つ

て、はるばる九州まで会いにいく話だとか、旅先で見たストリップの踊り子とデキてしまった話とか、真実か虚構かわからない夢のような話が綴られている。文章もこんなにうまかったのかと、ウナリながら読んだ。

その本の中に「日川探勝」という章がある。山梨県笹子峠の麓から大菩薩峠に分け入る日川渓谷沿いを旅した記録だ。旅行したのは'90年と明記されている。

地図を見ると、旅館の送迎バスで入って行ったのは県道215号で、山の中の鉱泉旅館はいまもある。県道は地図上をさらに北上し、大菩薩峠入口まで上りつめると、東側にくねくねと下って、最後は国道４１１号におりる。奥多摩へ抜けて、青梅街道になる４１１号は以前、自転車で走ったことがあるが、日川沿いの県道は知らなかった。よし、つげ街道（と勝手に命名）を走ってみようと思い立ったのである。

秘境、つげ街道

朝８時半、駅前を出て国道20号を下り始める。といっても上り坂だ。毎年、イトイガワで走る笹子峠越えである。つげ街道に入るなら、トンネルで峠を越えた先の甲斐大和駅が最寄り駅なのだが、足慣らしと思って、久しぶりに笹子峠の旧道を行く。快晴、無風。絶好の自転車日和だ。前に来たときは野犬に追いかけられてこわい思いをした峠道も今回は無事にパス。文化財の笹子隧道を抜けて、甲府側へおりる。旧道から再び20号に合流。甲斐大和駅方向へ少し戻ると、国道から左に入る道に「大菩薩峠方面」と看板が出ていた。つげ街道である。標高１９００ｍの大菩薩峠登山口を目指す道だから、上りは覚悟していたが、いきなり11％の急坂が現れる。舗装路を登山のグループが歩いている。国道20号はトラックが行きかう幹線道路だが、県道はたまにクルマが来る程度である。

６㎞ほど進むと、左手の視界が開けた。彼方に重畳たる山並みが広がっている。つげもその眺望に驚嘆した「木賊」地区だ。「とくさ」と読む。

難読地名は秘境の証である。なぜなら、観光地化を目指すと、日本は地名を平易にしたり、ときにはオシャレに変えたりするからだ。南アルプス市なんていうのがいい例である。麓のJR甲斐大和駅も、つげが来たころは「初鹿野（はじかの）」だった。

眼下の深い谷を流れる日川は道路からだと見えないが、つげ曰く「逆落としのような崖の小径」を谷底に下りれば、「素晴らしい渓谷美」の〝竜門峡〟という景勝地がある。でも、今日は自転車シューズなので、あきらめる。

つげはかなりの健脚だったらしく、ここから数㎞上にある鉱泉の一軒宿に泊った翌日、送迎バスには乗らず、初鹿野の駅まで歩いて帰っている。田舎道をたまにやって来るクルマやバイクに旅情を台無しにされると嘆いて、こんなことを書いている。

「すべての道が車のために舗装されるのは、歩く者にとっては退屈で、疲れも倍増する。らくな思いをする車のほうこそ悪路を我慢してくれないものかと、旅に出るといつもそう思う」

やっぱりおもしろい発想をする人だ。

こんなところに昆虫博物館が

さらに進むと道は狭くなり、やがて右手に嵯峨塩（さがしお）館が現れる。国道20号の分岐から10㎞弱。つげが泊った鉱泉宿である。いまはけっこうな名旅館らしく、駐車場には国産の高級車が止まっていた。

つげ義春が入ってきたのはここまでだが、未踏の道をさらに進む。予定では、峠を越えて国道４１１号におり、さらに柳沢峠を上って奥多摩へ出るつもりでいた。

このあたりまで上って来ると、日川は渓流になり、道路のすぐそばを流れるようになる。木立に隠れてなかなか姿は見えないが、ペダルをこいでいるとずっとせせらぎの音が聞こえている。オートバイやクルマじゃ味わえないＢＧＭだ。

嵯峨塩館から５㎞、赤い屋根の「ペンションすずらん」に着く。ここには昆虫の博物館がある。というか、ぼくのちょっと古い地図には「すずらん昆虫館」としか出ていなかった。なんだろうと思って来たら、ペンションの私設博物館だった。

宿のフロントで入館料３００円を払い、見学する。といっても、自分で電気を点け、靴を脱いで部屋に上がり、勝手に見るシステムだ。そもそも人里離れた山の中の昆虫館というだけで、つげ義春っぽくて、おかしい。広めの応接間くらいのフロアに、おびただしい数の昆虫標本が展示してある。甲虫好きなら、一見の価値ありだ。

再びポルシェバイクにまたがり、足を回す。激坂があるわけではないが、上りっぱなしには違いなく、なかなか休ませてくれない。日川の上流を堰き止めた上白川ダムに近づくあたりからは、勾配もぐっときつくなる。あとで調べたら、そのあたりは標高も１５００ｍを越えていた。

かなりバテた。「つげ義春に元気をもらう」なんて言葉がまったく似合わないのがつげ義春だ。奥多摩の方角に黒っぽい雲がかかっているのも、前進する意欲を萎えさせた。

ダムを過ぎ、道が下り勾配に変わったところで引き返すことに決める。クルマもバイクも自転車も上がってこない。かわりに、猫の顔をした和服の女や、腕に締め込んだねじを手で押さえている男だとかが上ってきたら困るし。

17㎞を一気に下る。９月半ばだが、妙にヒヤヒヤ寒かった。甲斐大和駅から電車に乗り、家に帰ると、熱が出た。

往年の名レーサーと走った

自動車人の自転車仲間

江ノ島までサイクリングしませんかと、突然、津々見友彦さんからメールをいただいた。メールみたいなものは常に突然いただくものだが、相手が相手なので驚いた。

〝往年の名レーサー〟とは、これまで会釈を交わす程度で、ゆっくりお話をさせてもらったことはない。しかしそういえば、何かの試乗会のときだったか、すれ違いざま「こんど自転車の話聞かせてね」と声をかけてもらったことがある。

津々見さんといえば、早くから電動アシスト自転車の愛用者として有名だった。予備バッテリーを背負って、電チャリでどこへでも行ってしまうらしい。だが、今度のサイクリングはナマチャリだという。メンバーは他に、初代マツダ・ロードスターのシャシー設計者として知られる立花啓毅(ひろたか)さん、自動車ジャーナリストのKさんとHさん、いずれも全員クルマ業界の人たちである。

でも、東京から江ノ島といえば、都内からだと大学自転車部の練習コースではないか。国分寺市の西外れにあるぼくの家からだって、片道50km近くある。それに国道16

号やニイヨンロクを走るのはツラそうですねと返信したところ、町田までは輪行で、そこから三十数㎞先の江ノ島へはほぼずっとサイクリングロードで行けるのだという。江ノ島へ出られる自転車専用道とは、おもしろそうである。

ゆっくりツール・ド・エノシマ

かくして、快晴無風のサイクリング日和にツール・ド・エノシマは決行された。といっても、このコースを走り慣れたＫさんとＨさんに引率されるカタチだったので、こっちは気楽だ。ナマチャリ歴の浅い津々見さんや、サイクリング歴ゼロで、この日も息子さんの年代物ロードレーサーで参加した立花さんを慮って、ペースはゆっくりだ。おかげで、毛穴が開くようなリラックスしたツーリングを楽しませてもらう。

チタン製の高級ロードバイクに乗るＫさんとＨさんは、新型車のプレス試乗会へ行くのにも自転車を使っていると聞いて驚いた。箱根や富士五湖だと途中までは電車で輪行するが、河口湖近辺なら大月から、箱根の試乗会だと、なんと小田原からこいで上がるのだという。正月の大学駅伝で有名なあの宮ノ下の激坂を自転車で上るのである。

箱根の試乗会へ顔を出すと、自動車メーカーの広報部の人からたまに「自転車ですか?」と聞かれることがある。なワケないだろ! と思いつつ、いつもお愛想笑いで返していたのだが、本当に自転車で来ている同業者がいたのである。

江ノ島へ延びる境川サイクリングロードは、多摩サイのように整備されてはいないが、その分、鈍行の自転車道という感じでワルくなかった。川沿いにつくられた遊歩道は、途中、大小の道路をいくつも横切るが、幹線道路と並行することはほとんどない。おかげで、江ノ島へ向かうクルマと相まみえることなしに江ノ島へ出られる。突然あらわれたゴールが海というのは、最高のサイクリングコースでもある。

前日が雨だったこともあり、日曜の江ノ島は大混雑だった。島内の駐車場を先頭に橋から国道まで長蛇の車列が出来ている。ほとんど動かないその列をすり抜けて、ぼくらは島に渡り、空いた食堂を探して海鮮丼にありつく。週末の江ノ島は自転車に限る。地元のサーファーたちが、専用ラックを付けたママチャリでショートボードを運んでいるのもカッコよかった。

帰りは休憩なしで町田まで一気に戻る。

立花さんもマツダを定年退職してから数年経つわけだから、いいオトシのはずだ。1963年の**第1回日本グランプリ**[*1]のとき、すでに立派な大人だった津々見さんは、いったいおいくつなんだろうか、と思うほど、みなさん健脚だった。Kさんがしっかり先頭固定しているので、トップスピードは低いが、時速18㎞から20㎞へスピードを戻すようなときに、その人の走力はわかる。津々見さんはトルクがあって、うかうかしていると置いていかれそうになる。江ノ島で自転車をチェックしたところ、リアキャリアの両側にサイドバッグをさげたスペシャライズドのクロスバイクはいやってほど重かった。

以前、自動車雑誌編集部対抗の耐久レース（クルマの）に参加したとき、途中で気分が悪くなったことがあったのだそうだ。これはいかんと痛感したのが、電動アシスト付きとはいえ、自転車に乗り始めたきっかけ。レーシングドライバーというのは、とびきり負けず嫌いで、前向きだ。

さっきウィキペディアで調べたら、1941年12月生まれ。スゴいウルトラセ

メタボ体型とは無縁の元グランプリレーサー

ブンである。

＊1　第1回日本グランプリ　鈴鹿サーキットで開かれた日本初のグランプリレース。当時、大学生だった津々見さんはドイツのＤＫＷ（デーカーベー）９００でＧⅢクラスに出場。純プライベーターながら5位に入る。

伊豆大島一周サイクリング

島一周は、どっち回りが正しいか

島で自転車に乗るのは楽しい。デッカイ島よりも、1日あれば自転車で回れるくらいの島。なぜ楽しいかといえば、1日あれば自転車で回れるからだ。ミニマムな時間で、マキシマムな達成感が味わえるから。

そんな意味で、東京から最も近いお薦めの島が、東京都大島町、伊豆大島である。羽田からエアーニッポン機も飛んでいたが、航路でも高速船（ジェットフォイル）なら1時間45分で着く。同じ竹芝桟橋を夜発って、朝、大島に着く大型客船もある。

ぼくの家は東京の多摩西部なので、最も便利で、最もディープな行き方を選んだ。調布飛行場から出る新中央航空の19人乗りドルニエ機だ。飛行距離が短いため、エアーニッポンよりも安くて、早い。所要時間わずか25分。往復割引だと1万７８００円。ただし、重量にシビアな小型機だから、５kgを超える荷物には1kgに付き２１０円の超過料金がかかる。

軽快な加速で離陸すると、富士山がきれいだった。高度が低いので、地上の景色も

すばらしい。グーグルアースの本物だ。だが、島に近づき、眼下の海に白波が立ち始めたら、俄然、揺れ始めてアセる。

この冬いちばんの寒波に見舞われた1月末、ひとあし早い春を期待してやってきたのに、アテがはずれた。朝9時半、大島空港に降り立つと、気温7℃。快晴だが、冷たい北風が吹いていた。東京から120㎞南に下っても、そんなに暖かいわけじゃない。冬の伊豆大島はそういうところらしい。

自転車を組み立てて、まずは5㎞先の元町へ行く。東海汽船の港がある元町は、島の中心地だ。町役場があり、商店が並び、スーパーも何軒かある。全信号機の6割もこの地区に集中している。といってもたった3基だが。大島支庁へ行って、地図をもらう。

地図の中の大島は、米粒を上下につぶし、左斜めに傾けたようなカタチをしている。縦15㎞、横9㎞。伊豆七島最大の島とはいえ、面積は佐渡島の9分の1だ。その島を巡る「大島一周道路」は43㎞。のんびり自転車で走るにはちょうどいい距離である。

健脚養成島

島を一周する場合、どっち回りで走るべきか。正解は、時計回りである。車両は左側通行。日本だと時計回りに走れば、ずっと海が見える側だからだ。

ツール・ド・伊豆大島を気どって、時計回りに走り出す。大島空港を過ぎたところで脇道に左折して、野田浜へ出た。島のほぼ最北端にあるきれいな海岸だ。海の向こうに、伊豆半島と真っ白な富士山が見える。大島は富士見島でもある。潮がぶつかるところなのか、沖合の海面の一部がまるで川の瀬のように荒々しく波立っている。初めて見る光景だ。いま自分が立っているのは陸地だが、やはりここは海の真っただ中なのだ。

一周道路に戻って走ると、次の集落が岡田。ここにも東海汽船の船が着く港がある。その日の風向きによって、元町かここか、出帆港を使い分けている。

岡田を過ぎて、島の東側に出る。道路沿いに目立つのは、名物の椿である。椿というと、手入れされた園芸物件の植木というイメージが強いが、大島の椿は野生の藪椿で、立派な木である。高さ10ｍを超すようなものが並木になっていたり、トンネルをつくっていたりする。椿の大木は、幹の表面が恐竜の皮膚のようで、南洋の島っぽい。盛りにはまだ早すぎたが、光沢のある葉からのぞく赤い花もモスラの島に咲いていそうだ。

大島公園を過ぎると、一周道路は内陸に入り、ぐんぐん標高を上げてゆく。人家はなくなり、クルマとも出会わなくなる。

三原山の噴火がつくった島だから、一周道路にもアップダウンは多い。時計回りだと、このあたりは上りっぱなしの難所である。

延々7㎞ほど続いた上りのワインディングロードをクリアすると、裏砂漠の入口に着く。元町からは20㎞近く走ってきた。

裏砂漠とは、三原山の東側に広がる、火山灰と噴石で出来た黒い砂漠だ。ここを走るなら、大島サイクリングはＭＴＢのほうがいい。クルマでもある程度入っていけるが、「レンタカーは進入禁止」と看板が出ている。不慣れな観光客がスタックするからだろう。道路脇に分厚いコンクリで出来た大きな土管が置いてあった。噴火時のシエルターである。

裏砂漠入口付近は海抜約360m。一周道路ではいちばん高いところだ。そのあとも道はしばらく内陸の高みを走り、やがて下りに入る。それはうれしいが、寒い。ダウンヒル中、なんと雪もチラついた。

くさやほどうまいものはない

久しぶりに町めいてきて、「展望台」の文字が見えた。止まると、左手の眼下に美しい入り江が広がっていた。都はるみの『アンコ椿は恋の花』で有名な波浮(はぶ)の港だ。コンクリで出来た元町や岡田の港とは違っていかにも〝天然の良港〟という感じである。近くに立つ観光案内を読んで驚いた。島の南端にあるこの港は、もともとは火口湖で、「波浮の池」と呼ばれていた。それが元禄16（1703）年の大津波で壊されて、海に通じたのだという。

急坂を下って、港におりる。「風待ちの港」として波浮が栄えたのは、明治から昭和30年代にかけて。ごく短い距離だが、現役の古い町並みが今でも残っている。寿司屋に入り、名物のべっこうにぎりを食べる。青唐辛子醤油に漬けた白身魚の〝づけ握り〟だ。ネタがべっ甲色に光って見えるのでそう呼ばれる。

波浮港の近くにはくさやの製造直売所が何軒かある。くさやとは、くさや汁という発酵液に漬けた魚の干物である。焼いて食べるとこんなウマイものはないと思うのだが、家ではなかなか焼かせてもらえない。息子や娘は「だってこのニオイ、雲古じゃない!」とひどいことを言う。たしかに〝継ぎ足し継ぎ足し〟の極致のようなくさや汁の槽を見ると、思わずあとずさりする。でも、自分へのおみやげに買う。サバかと見まがう丸々と太った青ムロアジのくさやが300円と安い。

波浮を出ると、スタート地点の元町までは残り15㎞だ。島の西岸をゆく道は海に近く、景色が開ける。交通量も増えてにぎやかになる。島の表街道という感じだ。寒いからあまり飛ばしたくないが、ゆっくり走っていると、気温が下がってますます寒くなる。なんていうウインターサイクリングのジレンマを伊豆大島で経験するとは思わなかった。

西日に染まった元町港に到着。1周43㎞でも、上りが豊富なので、走りではある。健脚なら、往復、高速船を使っても、日帰りサイクリングは可能だが、ぼくは1泊して、翌日、歩いて三原山に登った。

帰りの調布行きドルニエ機は、海の上でまた揺れた。我が飛行機人生でいちばん揺れた。

自転車で性格占い

あなたは先行型？

自転車乗りには「牽(ひ)くタイプ」と、そうでないタイプがいる。2人以上でサイクリングするとよくわかる。

ぼくは前者である。いちばん前を走りたい。複数いると、いまやたいてい最年長で、自転車歴も長い。そのため、ナビゲーター兼ペースメーカーになることが多い、という事情はあるが、そういうことだけではない。前を走りたがる人、ついつい人の後ろについてしまう人。人間はふたつのタイプに大別できると思うのである。

じゃあ、トップ牽きタイプに必ずしもリーダーシップがあるかといえば、そういうことでもない。自分自身に照らすとよくわかる。そんな能力はワタシにはない。鍋奉行とかもやらないし。むしろぼくの場合、徹底したマイペースという性格が先頭に立たせるのだと分析している。後ろで、人のペースに合わせることがイヤなのだ。

集団走行の先頭は、いちばん風を受ける。当然、いちばん疲れる。それを〝損〟と感じる人もいるだろうが、ぼくは「ひとりで走ってると思えばいいんじゃん」と思うから、なんでもない。しかしよく考えたら、それもマイペースの証拠なんだなと、いまわかった。

プロロード選手の橋川健によると、同じチームでいちばん困るのは、意味のない〝逃げ〟を打つ選手だという。自転車ロードレースで、集団からひとり飛び出してアタックをかけることを〝逃げ〟という。決まればいいが、決まらない。なのに、性懲りもなく無駄なアタックをかける選手がいるらしい。無駄なのになぜやるんですか？と聞いたら、「アタマが悪いんでしょうね」と喝破した。

でも、ぼくはそういうナンセンス・アタッカーを笑えない、どころか、自分がなりそうで、シンパシーさえ覚えるものである。

人の後ろはこんなにラク

いつものメンバーで荒川サイクリングロードを遡り、熊谷まで走った。

風邪の病み上がりだったので、今回はずっと人の後ろについていった。ツーリングの最初から最後まで、一度も先頭を牽かなかったのは初めてである。

あらためて痛感した。ラクである、人の後ろは。とくに20代のチャリダーの後ろは天国だった。身長180cm、体重は100kgある、かどうかは知らないが、とにかくいちばん若いのに恰幅がいい。ぼくが後ろにつくと、さながらダンプ直後の軽自動車だから、前が見えないのが難点だが、それさえ気をつければ、まさに〝動くエイドステーション〟である。

多摩西部に住み、多摩サイをホームゲレンデにする者にとって、荒サイはヨソんちの庭である。荒川に出るまでは、入間（いるま）川のサイクリングロードを初めて走った。正式名、川越狭山自転車道。狭山から入ると、そのまま川越市西部の荒川まで連れていってくれる。全線22㎞。多摩サイほど長くないし、荒サイほど広くない。というか、大半が狭いので、自転車乗りは心して走らないといけない。

この日はお天気の日曜日とあって、自転車よりも歩行者のほうが目立った。土手と河川敷のあいだにけっこうアップダウンがあり、道は変化に富んでいる。桜並木が多く、ひと月後には花見で賑わうのだろう。遊覧ペースでゆっくり走りたいサイクリングロード版ローカル線である。

そのまま走れば荒川に出るのに、なぜか途中で一般道へ出る。

地の利のあるTカントクがいつのまにか先頭に立っていた。ときどき〝コソ練〟に来るコースらしい。吹きっさらしの北上ルートなので、向かい風が強い。そのせいか、このあたりはロード練習のメッカらしく、一列棒状のチームランと何度かすれ違

う。街道練習中の競輪選手もいる。刺激されたのか、先頭のTカントクもドロップバーの下を握って力走態勢に入る。「今日はゆっくり走るって言ってたのにー」。入間川まで案内してくれたKが叫んでいる。ぼくはチャリダー・エイドに身をひそめて、ひたすら最後尾をついてゆく。

速い集団についていくことを「特急列車に乗る」なんて言い方をする。特急列車を牽くのは大変だが、乗るのはそれほどでもない。知らない人なら、後ろについたとき、ひと声かけるのが礼儀というか、常識だ。風よけになってもらうわけだし、そうやって仁義をきっておけば、親切な前走者だと、そのあと、手で合図を出してくれたりするから安全でもある。なかにはオーバー親切な人もいて、停止や減速だけでなく、路面のデコボコまでいちいち指を真下に向けて教えてくれたりするので、申し訳なくてかえってこっちが疲れてしまうこともある。

ところで、後ろにつかれると、その人は物理的になにがしかの被害をこうむるのだろうか。たとえば、後方の空気の流れが変わることで、厳密に言うと「パワーを吸い取られる」ような悪影響が生じるのだろうか。

ロードレースのゴールスプリントで、後ろを取られるのを嫌って蛇行するシーンがよくある。あの嫌いかたを見ていると、「後ろでラクしてアシを貯めやがって」という忌々しさ以上の実害があるのではないかと想像してしまう。後走者を従えた場合と単独走との正確な出力比較について知っているかたがいたら、教えてください。

熊谷のそば屋でゆっくり昼食をとって、Uターンする。

荒サイツーリングの定番スポットといわれる牧場に立ち寄って、おやつ。名物のアイスクリームを食べる。そのあとはGTIザワが前に出る。先週まで新型インフルエンザでダウンしていたサラリーマンとは思えないペースである。みんな、異常だあ。

夜、ウチに着いたら140㎞を超していた。

そのわりに疲れていなかった理由は、ぼくの場合、言うまでもない。

SLを見にゆく

悲願の観光サイクリング

「ただ走るために走るストイックなサイクリングじゃなくてサ、これからは行った先でなにかやる、お気楽な観光サイクリングをやろうぜ」という、わがチームTikiTiki（チキチキ）の新しい活動方針に則って、自転車でSLを見に行った。

TikiTikiとは、東京〜糸魚川ファストランをずっと一緒に闘ってきた日本一イイカゲンなサイクリングチームである。

お目当ては熊谷から埼玉県西部へ延びる秩父鉄道のパレオエクスプレス。週末と祭日に走る人気SL急行列車で、熊谷〜三峰口間を1往復する。熊谷から下ってきた列車は正午過ぎに秩父を通り、10km先の終点三峰口へ向かう。秩父からの線路は国道とほぼ並行している。走るSLを見るなら、そこが狙い目だ。

時刻表とにらめっこしながら、そうした行動計画を練るのは得意である。中高生のころ、ぼくは寝袋ひとつ持って日本全国どこへでも行く熱心なSLの〝撮り鉄〟だった。「ヨンサントー」（昭和43年10月）の掛け声とともに、国鉄の完全無煙化が進められていたころである。

あれから幾星霜、観光用とはいえ、いまでも全国のあちこちでＳＬが走っているのだから驚きだ。しかも、東京から自転車で見に行けるのが秩父鉄道である。といっても、多摩西部のウチから秩父までは70㎞、三峰口までは80㎞以上ある。いちばん遠いＫなどは、杉並区から来るから、かるく１００㎞以上だ。「ふつう、自転車じゃ行かないよなあ」と笑いながら、小春日和の日曜日、４人で秩父盆地を目指した。

ＳＬだって追いつけない

多摩湖近くのコンビニに集合し、スタートしたのは朝7時過ぎ、名栗から山伏峠を越えて、10時半過ぎに秩父の町におりる。

早速、早めのお昼を食べにゆく。秩父にはおいしい食事処が多い。いま人気の「野さか」へ行く。開店前に一番乗りで並んだら、ハーレーの集団がドコドコっと乗りつけて、たちまち行列が延びた。備長炭で焼いたみそ漬け豚肉の豚丼がうまい。

食後、腹ごなしをするまもなく、近くの踏切へ行ってＳＬを待つことにする。１㎞ほど先にある御花畑駅から一直線の上り勾配が続くロケーションだ。

いちばん若い30代のＴＫは、これが生ＳＬ初体験だという。ほかのふたりも〝鉄分〟はゼロである。唯一の鉄ちゃんとしては使命感が高まる。「ここは上り坂だから、けっこう迫力あると思うよ」と予言して、みんなの期待を盛り上げる。

12時19分。なつかしい音が秩父盆地にこだました。御花畑駅出発の汽笛一声だ。やがて順光を浴びて黒光りする機関車が姿を現し、ストレートをゆっくり近づいてくる。「シゴハチ」の愛称で知られるＣ58型機である。牽いている客車は元ＪＲの特急用で、時代考証的にはあり得ないが、今はＳＬ列車もエアコン付きじゃないと乗ってもらえないから、しかたない。ブラスト音が高まるなか、見ていたＫが「オレたちが峠上っているときより苦しそうだ」と言った。

たしかに、スピードはノロイ。中型機のＣ58にとっては激坂というほどの急勾配ではないはずなのに、わざとらしいほどのスローペースだった。煙の量も少ない。国鉄時代の現役の〝走り〟からすると、石炭をガンガンくべて走る〝力行運転〟には程遠い。最後尾には電源車が付いていて、通過したとき、ゴーっとエンジンの音がした。まさかあれが動力車で、ＳＬはダミーだったりして……なんて想像をしてしまうほどだった。

しかし、それもしかたない。これは21世紀を走っている観光ＳＬなのだ。まず、腫れ物にさわるように機関車を労っているのだろう。市街地走行では黒煙を極力おさえるのも至上命令に違いない。カメラを構えた至近距離で煙に包まれると、ススが顔にバチバチ当たったかつての狼藉ぶりはもう許されないはずだ。ああ、昔を知ってるって、難儀である。

ちなみに、ＳＬが「シュシュポッポッ」と2拍子を刻むのは、左右動輪の前に一対のシリンダーを抱える2気筒エンジンだからである。昭和ひと桁の時代につくられたC53という機関車は、革新的な3気筒を採用した。構造の複雑さや整備性の悪さなどから、ごく短命に終わったが、走ると「シュシュシュポポポ」という3拍子の音をたてたらしい。

パレオエクスプレスを見送るとすぐに、国道140号に乗り、あとを追う。といっても、御花畑からは駅を5つ飛ばして終点直行だから、ぼくらの走力では追いつけない。でも、三峰口には1時間以上止まっているので、それほど慌てる必要はない。深い渓谷をつくる荒川の景色を楽しみながら、10㎞あまりの距離をこなす。

国道から左折して荒川を渡り、三峰口の駅に下りてゆく。里山に囲まれた駅前に人影はなかったが、C58が休んでいるホームには人垣ができていた。大半は列車に乗ってきた家族連れだが、駐車場を見ると、クルマで追っかけてきた人も多い。自転車で来ていたのは、やっぱりぼくらだけだった。

それにしてもC58、すごい人気である。国鉄時代はカローラ的な、地味な機関車だった。年とってからバラエティ番組でモテ始めた大部屋俳優みたいである。この363号機は昭和19年製。長生きはするもんだ。

C58は転車台で熊谷方向に向きを変え、再び先頭に立つ。三峰口のまわりには人家が少ない。そのせいか、駅を出てすぐの踏切で見送った発車は黒煙も盛大で、溜飲が下がった。

「ねっ、スゴイでしょ」と言おうとしたのに、TカントクとKが見当たらない。探すと、西日の当たるベンチに座って、ふたりとも居眠りをしていた。エーッ、なんだよォ、みんな、観光、興味ないんじゃん！

三峰口からは予定どおり輪行で帰る。おあつらえむきに、西武線直通の池袋行きが出ているのだ。

乗る前に酒屋に奔走したTカントクの音頭で、車内ではすぐに酒盛りが始まる。左党にとっては、これが輪行のなによりのオプションである。

サイクリング忘年会

走り納めの大垂水峠

12月最後の土曜日、朝7時半に家を出て、多摩サイの関戸橋に向かう。この冬一番の寒波に襲われた朝は、都心でも最低気温1℃の予報が出ていた。〝都下〟のこのあたりは零下だろう。

それにしたって下半身が冷たいゾと、走りながら思った。信号待ちで見たら、タイツもシューズもフレームもしとどに濡れていた。背負ったキャメルバック[*1]から水がダダ漏れになっていたのである。キャップの締めが甘かったらしい。厳重に防寒対策をしてきたつもりだったのに、これじゃ台無しだ。

今日は恒例の年忘れツーリング。サイクリング忘年会である。みんなの都合が合わず、できない年もあるが、今年は全員、練習不足で、せめて最後だけは、という気運が高まっていた。

集まったのは4人。ぼくとKはいずれもこの日の直前に親が入院した。Tカントクの息子はセンター試験を前にして利き腕を骨折した。ダントツに若いギリ20代のチャリダーは、気管支炎っぽい重い咳をしていて、顔色が冴えない。

それぞれモンダイを抱えてはいたが、とにかく走り出す。目的地は50㎞先にある相模湖西方の秋山温泉、着いたら温泉であったまり、あがって納会。帰路は中央線で輪行という予定である。

多摩サイからすぐに浅川サイクリングロードへ入り、高尾を目指す。いつものようにTカントクがまず引っ張る。

風をきる自転車は、冬が厳しい。でも、こういうふうに晴れてさえいれば、気持ちいい。晴れと曇りじゃ月とスッポンなのが、冬のサイクリングだ。凍えるような日陰の峠道を麓まで下りてきたりすると、とくに太陽のありがたみを痛感する。やさしい温熱でカラダが解凍される。太陽との関係において、つくづく地球は奇跡の星なんだなと実感したのは、自転車に乗るようになってからである。同じく風をきるスポーツでも、ランニングはスピードが知れている(ぼくの場合?)ため、日射しのありがたみをここまでは感じない。

ハイカーで大賑わいの高尾山口駅前でひと息ついてから、国道20号の大垂水峠を目指す。麓の電光温度計は2℃を示していた。〝プラス〟なのだから、よしとしよう。

大垂水峠の上りは正味3㎞。頂上が標高400mの〝丘〟みたいな峠だが、なにせみんな練習不足なので、しんどい。

こういうとき、ぼくの秘策は〝走り撮り〟だ。専用の小さなデジカメで、走りながらみんなの写真を撮る。今のカメラは手ぶれ防止機構が付いているし、ワイドレンズなら適当にシャッターを押しても、なんか映っている。そうやって写真を撮っていると、自分のしんどさがまぎれるのだ。注射を打たれるとき、まわりのお肉をツネってごまかすのと同じ理屈である。

甲州街道の特急電車

大垂水を越して、すんなり秋山温泉へ向かうのではつまらない。20号を猿橋まで走り、名前と違って凶暴な鈴懸(すずかけ)峠から裏の3ケタ国道へ出て、旧道雛鶴(ひなづる)峠を越えて戻るとか、秋山温泉から上るその名も〝巌道(がんどう)峠〟でヒルクライムを挙行して、ビリがビールを奢るとか、案はいろいろ出たが、やめた。チャリダーの具合が悪そうだったのだ。朝からずっと頭が下を向きがちだった。目線が下がって、路面ばかり見るようになると、サイクリストは黄信号である。東京から新潟県の糸魚川まで走った翌日、そのまま実家の長崎まで走ってしまう男も、体調不良には勝てない。早々に秋山温泉へ向かう。

秋山温泉は上野原市が所有して、民間が運営する温泉レジャー施設である。いろんなお風呂があって、温水プールもある。うれしいのは、お湯があまり熱くないこと。〝猫舌〟だけでなく〝猫肌〟でもある身にはとても助かる。じっくり長湯ができるのだ。食堂もメニューが安くておいしい。民間委託になってからは初めて来たのだが、変わっていなかった。いい料理人がいるのだろう。

夕方の送迎バスで上野原駅へ向かう。補助イスまで一杯の満員だが、輪行バッグ持参のサイクリストはぼくらだけだった。

すぐに来た高尾行き鈍行に乗る。いちばん家が遠いのは、練馬のチャリダーである。ぼくは最も近く、電車なら小一時間だ。

でも、正直言って、走り納めにしてはちょっと物足りなかった。かさばる輪行袋を抱えて高尾駅でオレンジの通勤電車に乗り換えるのもいやだった。「高尾から走っていきます」と宣言すると、TカントクとKも付き合うという。ふたりとも祝杯のビールはすっかり抜けているらしかった。

呆気にとられるチャリダーと別れ、オヤジ3人で高尾駅に降り立つ。改札を出て再び自転車を組み立てる。

冬の夕方6時、駅前はすっかり暗かった。前照灯を光らせ、キャメルバックに付けた赤色灯を点滅させて、国道20号に出る。

ここからの20号は、広い2車線のストレートで、基本、ゆるーい下りである。ふたりを道連れにしたからには、恩返しせねばなるまい。そう考えて先頭に立ち、ペダルを踏んだ。

ぬる湯の長風呂が効いたのか、筋肉が軽い。加速中は知らぬまに腰が浮くほど踏んだ。やはり温泉の温熱効果か、冷気のなかでも体はぽっかりしていた。踏めば踏むだけ、スピードが上がった。それがますますアドレナリンを滲出させる。ぼくらは甲州街道の特急電車になった。

たまに信号で止まると、だれからともなく「イヒャー」というような歓喜の声があがる。サイコーの走り納めだった。自転車はこれだからやめられない。

＊1　キャメルバック　背中に背負う給水バッグ。チューブを口にくわえて先端のゴムを噛むと、圧力差で水が口中に流入する。手を離さないで給水できるので、平衡感覚に自信のない長距離ライダーにはお薦め。ただし、チューブ内にカビが生えるのが欠点。

第4章

坂バカ日記

坂バカのススメ

日本は〝坂国〟である

自転車が好きになると、少しでも長い時間、自転車に乗っていたくなる。長い時間乗っていると、当然、長い距離を走ってしまう。長い距離を走ると、いやがうえにも上り坂や峠道に遭遇する。なんたって国土の8割が山というのが日本のスペックだからだ。

つまり、この国で自転車が好きになると、どうしたって坂と付き合わざるをえないわけである。

上り坂を偏愛する自転車乗りのことを「坂バカ」と呼ぶ。ぼくもそのひとりと思われているらしいが、最初は人並みに坂なんて大キライだった。

ベテランの人に連れられて、初めて上ったキツイ坂は、忘れもしない、国道20号の猿橋から南へ入る山梨県の鈴懸（すずかけ）峠だった。名前はやさしいが、中盤に15％近い急勾配がある。15％の坂というのは、1000m進んで、垂直に150mの高低差があることを意味する。10％を超えると、自転車ではかなりキツい坂だ。15％あたりからは

〝激坂〟だ。高速道路にある坂は、急坂に見えてもせいぜい4%である。

鈴懸峠当時、ぼくはまだロードバイク初心者で、自転車にもコンパクトギアなんてものは付いていない時代だった。しかも、アブラゼミが鳴く真夏の真昼である。途中、口から心臓が出そうになって、自転車を降り、押した。健脚のベテラン引率者は、さっさと杉林の峠道に消えていた。

すごく悔しかった。今でもキツイ上りだとギブアップして押し歩きすることがあるが、あの、パンツ脱がされちゃったみたいなトホホ感って、いったいなんなのだろう。

でも、この鈴懸峠死の彷徨は、思えばぼくの坂バカ人生のスタートだった。あまりの悔しさに、その何日か後、クルマに自転車を積んで訪れ、ひとりで再挑戦したのである。麓からスタートしたから、前よりラクなのは当然ということもあり、なんとか完登を果たした。うれしかった、なんてもんじゃないほどうれしかった。

終わらない坂はない

なんで自転車で坂を上るのか？　自転車ヒルクライムの魅力とはなんなのか？　月並みな言い方をすれば、達成感である。登坂の最中はツライけど、頂上に着いたときの満足感や安堵感はツラさに比例して大きい。

たとえば、奥多摩湖から奥多摩周遊道路の風張峠を目指す。標高1200mの峠まではで10㎞以上のツライ上りだが、頂上の手前で眼下に視界が開ける。出発前に間近で見た湖面が、はるか下に小さく見えている。標高差600mを自分の足だけでこぎあげたのだ。その達成感たるや、たまりません。

ぼくはランニングもやる。自転車で上り慣れた峠をランで上ることもある。低い山なら登山の経験もわずかにある。しかし、自転車ヒルクライムの達成感はそれらともまた別格だ。

サドルに座って、無心で足を回す。ギブアップしない限り、地面に足は着かない。心臓のドックンドックンが耳の中で聞こえるほど心拍が上がっていても、まわりの世界はとても穏やかで静かだ。そのせいか、自転車ヒルクライムはシンプルにツライ。だからこそ、坂のテッペンに着いたときも、シンプルにうれしい。達成感の輪郭がはっきりしているというか。

と、ここまで書いてきて、いま、ハタと気づいた。坂の途中で自転車から降りると、なんであんなトホホ感に襲われるのか。山に足を着くことなく、山を征服するという、自転車ヒルクライムならではの達成感が、そこでゼロになるからだ、きっと。

理屈をこねていないで、これから坂を上るサイクリストに、少しはタメになるアドバイスをしたい。

クルクルクルクルクルいちばん軽いギアで回そう。タイムアタックでもない限り、坂と戦おうなんて思っちゃいけない。むしろ、坂にバレないように、軽いギアでコソコソ上る感じがよろしい。それでもツラくなってきたら、自らにこう言い聞かせよう。「終わらない坂はない」。極意です。

坂バカのおかげで、いろんな体験をした。笹子峠や鶴峠では野犬に追いかけられた。梅野木峠では可愛いウリ坊を見た。巌道峠ではとぐろを巻く青大将を轢きそうになった。和田峠では、走りながら目の下をハチに刺された。旧道雛鶴(ひなづる)峠のトンネルの中では、おばけにも遭った。

自転車ヒルクライムはかくも楽しい。さあみなさん、坂に来たれ！

佐渡を上る

島の背骨を越える

自転車で冒険をしてみようと思って、佐渡島へ行った。といっても、新潟まではクルマである。冒険なら、そこも自転車でやるべきだったが、そこまでの時間と根性はなかった。

しかし10月も終わりに近かったこの日、図らずも冒険気分は盛り上がった。その後、北海道で竜巻を起こして大勢の死傷者を出した低気圧が日本海側でも大暴れしたのである。新潟市内では最大風速34・7mを記録し、新潟港のクレーンが倒れた。佐渡汽船のジェットフォイル（水中翼船）は欠航。16時の最終便で島に渡る最初の計画はオジャンになった。

翌朝、嵐は収まる。風雨は少し残っていたが、回復傾向であることはたしかだった。朝8時発のジェットフォイルに飛び乗る。

シアトルのボーイング社で生まれたジェットフォイルは、時速80㎞で新潟沖をぶっ飛ばし、1時間で佐渡を結ぶ。だが、まだ強いうねりの残る日本海クルーズはなかなかのスペクタクルだった。

ジェットフォイルは翼を水面下に沈め、船体を海面から約3m浮かして走る。しかし、この日は荒波のせいで、ときおり海水の塊がドーンと激しく船底を叩いた。ガスタービンエンジンがヒュルルルと止まりかけることもある。高速水流をお尻から噴射するために、後部水中翼の支柱から海水を吸っている。高い波で船体が持ち上げられると、吸水口が水面から出て、最悪の場合、ポンプが焼き付くおそれがある。それを防ぐために、荒波のときはエンジンの回転リミッターが働くのだ。以前、操舵室で取材したときに聞いた話を、実際に体験したのは初めてだった。

しかし、無事、両津港に着く。

地図の中の佐渡島は、右に傾けた2本のタラコをずらしてくっつけたような形をしている。北側のタラコを大佐渡、本州に近いほうを小佐渡という。両津は2本のタラコがくっついてくびれた部分、国中平野の東側にある。本当はこの日本一大きな島を一周してみたかったが、最終のジェットフォイルで帰らなければならなかった。短い時間で佐渡サイクリングの達成感を得るにはどうしたらいいか。大佐渡山地を越えて尖閣湾へ出ることにした。

輪行袋で持参したのは、スカンジウム合金の軽量フレームを持つマイロードレーサーである。ヒルクライム用の勝負バイクをもってきたからには、両津から山越えをして向こうの海へ出てみようと思った。

史上最悪の激坂

国中平野を貫く国道を走り始める。

朝鮮半島から吹きつける向かい風で、いきなり息が上がる。両津港から南西に約10km走り、国道から細い道へ右折すると、彼方に正対する山が大佐渡山地である。いちばん高い金北山(きんぽくさん)は佐渡一の標高1172m。これから向かう峠も1000m近くある。「自転車なんかじゃ無理だよ」と忠告してくれたのは、両津のレンタカー屋の店長だったが、もうあとの祭である。

広めの農道は次第に上り始める。交通量ゼロ。ときどき小さな林を抜けるいい道だが、ちぎれた木の枝や葉が路面にとっ散らかっている。半日前までの嵐の爪あとだ。小さなダムのような溜め池を過ぎると、路肩にものものしい看板が立っていた。これより先は自衛隊の管理道路であると記されている。帰国した拉致被害者が暮らすこの島は、北朝鮮を睨む国防の最前線である。

しかし、とくにゲートも監視所もない。地図にも通行規制の表示はないので前進すると、一気に坂がきつくなった。

とてもこのギア比では直登できない。右に左に細かく縫うようにして走るイロハ坂上りに切り換える。路面が荒れているのもうらめしい。コンクリート製の道路には亀甲型の着雪防止のグルービングが施してある。少しでも走行抵抗を減らそうと、空気をパンパンに入れてきた細いチューブラータイヤがビリビリ跳ねて、走りにくいったらない。

自衛隊の管理道路とはいえ、たまに乗用車やマイクロバスがエンジンブレーキを唸らせて下りてくる。こっちは道路幅いっぱいにジグザグ走行をしているので、要注意だ。いちど向こうのカーブから国防色の自衛隊トラックがヌッと姿を現したので驚いた。でも、気の毒だと思ったのか、上で止まって待っていてくれた。

路肩に「16％」という勾配標識が現れる。きついはずだ。1000m進んで、160m上がる激坂だ。乗鞍岳で開かれる日本最大の自転車ヒルクライム大会だって、勾配は平均6％台である。

そんな激坂が容赦なく続いた。ブラインドコーナーを抜けて見上げるたびに、デジャブのように同じ胸突き八丁の景色が現れる。われながら、こりゃ死闘だなと思った。なにしろ翌日、朝起きると、腰だけでなくアゴが痛かった。ずっと歯を食いしば

両津から奮闘3時間半、尖閣湾に出る

っていたのだろう。王貞治か！　アゴにくる坂なんて初めてである。この島は、サドだ。

ロードレーサーに乗り始めて15年、史上最悪の坂を上りきって、山頂の白雲台に着く。上って来た方向を振り返ると、両津湾と真野湾に挟まれた国中平野と小佐渡全体が一望できた。佐渡の〝くびれ〟丸見え。絶景である。

白雲台からは観光道路の大佐渡スカイラインに入る。

ウインドブレーカーを着込み、スリリングな下りを一気に駆け下りて、海に出る。下界はポカポカと暖かかった。

いかにも「尖閣湾」っぽい尖った断崖を見つけて、そこをゴールとする。

両津から46㎞。心拍計によると、3時間半で2509キロカロリーを消費した地の果てサイクリングだった。国中平野を抜けて、海岸沿いにくれば、はるかにラクだったろうが、それじゃあアドベンチャーにならない。冒険とは、やらなくてもいいことをやること、である。

すばらしきグランフォンド糸魚川

ツラたのしい

辛いよりも、楽しいほうがいい。だれだってそうである。しかし、辛さの先に楽しさがあるということもある。ぼくはそれを〝ツラたのしい〟と呼んでいる。

われらがツラたのしのサイクリングの秋恒例イベントが「グランフォンド糸魚川」である。イタリア直輸入の言葉〝グランフォンド〟とは、日本においては「山岳長距離サイクリング」を意味する。G糸魚川（以下、そう略す）もまさにそれで、日本海に面した新潟県糸魚川市の山あいを120㎞走り回る。

このイベントを知ったのは、東京〜糸魚川ファストランのときである。その年はリタイアだった。東京から220㎞あまりを走り、最終チェックポイントの大町を出発したものの、青木湖のダラダラ坂でスタミナ切れを起こし、泣く泣くサポートカーに乗った。その翌朝、ブルーな気分で臨んだ閉会式の会場で、第1回大会の予告チラシをもらった。それがG糸魚川だった。よーし、半年後、これでリベンジだ！

それ以来、春は東京〜糸魚川ファストラン、秋はG糸魚川がわれらチームＴｉｋｉ

Ｔｉｋｉの年中行事になった。どれくらい糸魚川が好きなんだって話だが、実際ぼくはもうヨメさんに伝えてある。死んだら、糸魚川で日本海に注ぐ姫川に散骨してくれと。「そんなこと勝手にしたら怒られるのよ」と言われたけど。

ちなみに糸魚川という川は存在しない。神奈川みたいなものか。

完走すると、太る

ゴール地点でもある糸魚川市マリンドリーム能生(のう)。半袖だと肌寒い曇天の朝８時、総勢６００名の参加者が10名毎30秒間隔でスタートを始める。

皮切りは日本海沿いの快適なサイクリングロードだ。久比岐(くびき)自転車道というこの道は、実は北陸本線旧ルートの廃線跡で、鉄道時代の古いトンネルがそのまま使われていたりする。

１２０㎞クラスのコースは、序盤と終盤の平坦部分が合わせて30㎞。真ん中の90㎞が山間部。山道をそれだけの距離走るのだからラクではないが、周回コースだから、半分の45㎞は下り坂、と考えれば救われる。途中、３つの大きな峠を含めて、アップダウンはいやってほどある。つまり、ツラたのしいの両極が１日に何度も味わえるのがＧ糸魚川の魅力である。

このイベントでいつもうれしいのは、地元の声援だ。沿道から、民家の軒先から、畦道から、すれ違うクルマや耕耘機やシニアカーなどからも、温かいガンバレコールが飛ぶ。ある年などは、公民館の脇を通ったとき、喪服姿のちょっと色っぽい新潟美人に数珠を絡めた手を振られる。思わず寄っていこうかと思った。

大会運営もすばらしい。錯綜する林道の曲がり角に必ず道案内のボランティアが立っているのは当たり前かもしれないが、峠道の路面を注意して見ると、左右方向に走る小さな溝を細い材木で律義に埋めてあったりする。事故がないようにコース整備をよほど入念にやっているのだろう。

最大のお楽しみは、エイドステーション

の豊富な補給食である。10月初めといえば、ちょうど稲刈りの直後。新米のこしひかりでつくってくれた笹寿司やおむすびやおいなりさんのうまいのなんの。この日注意すべきは〝食べ過ぎ〟である。

「今回は途中にサプライズがあります」。開会式のときにそう予告があった。4ヵ所の公式エイドとはべつに、沿道の農家がまさに手弁当のプライベートエイドを設営し、一家総出でカレーライスを振る舞ってくれたのである。

激しいスポーツの補給食にカレーが適当か、なんて言う人がいたら、それはシロウトだ。長距離系の運動で体が疲弊してくると、実はスパイシーな食べものがほしくなるのである。初めて東京〜糸魚川ファストランに出たときは、150㎞地点の諏訪湖付近で、突如、辛抱たまらんほどトムヤムクンが食べたくなった。なんで日本には立食いトムヤムクン屋がないんだ！　とサドルの上で憤慨したものである。

日本海へダウンヒル

去年は最初の上りで股関節に痛みを感じ、初心者のメンバーと途中で80㎞コースに日和ったが、今年は写真を撮りながらボチボチ走ったせいか、調子はよかった。チームメイトのKと、後半はもっぱら食っちゃ走り食っちゃ走りのグランフォンドこしひ

ツール・ド・フランスの峠に出没する悪魔が糸魚川にも。ただし、ハイタッチ、握手、記念撮影いずれも可と、やさしい

かりを堪能する。レースではないから、着順もタイムも記録されない。120kmクラスだと9時間以内にゴールすればいい。

最初の長い峠道には、毎年、ツール・ド・フランスでおなじみの悪魔おじさんが出没する。ここの悪魔は実に友好的で、三叉の剣を持ったままハイタッチしてくれるし、記念撮影にも応じてくれる。去年までと違う人だったので、ワケを聞いたら、「あ、あの人は法事で、急遽、代役」と言われた。赤と黒の衣装は、娘さんが大急ぎでつくってくれたという。

しかし、大事件も起きた。峠の下

りで、10人近くがスズメバチに襲われ、重症者は救急搬送されたのである。前方でハチがブンブンやっていて、溜まったライダーたちがハチの巣をついたように大騒ぎしていたのは目撃した。幸いそのときは無事に通過できたが、その後、刺された人のなかに、なんとウチのTカントクもいた。

しかし、鉄人はメゲずに完走する。救急隊員から渡されたトリアージカードをゴールで見せてもらうと、サインペンで「搬送拒否」と書いてあった。足止めを食ったおかげで、カレーが食べられなかったと悔しがっていたが、翌日は左腕がどす黒く腫れ上がっていた。

80㎞地点の第3エイドを出ると、やがて最後の峠道が始まる。頂上は標高500m。上りが10㎞続き、とくに最初の1・5㎞区間は15％の激坂である。真打ち登場だ。

耳の奥でドクンドクンと心臓が早鐘を打ち始める。眼球の奥ではマンガみたいに星がチカチカし始める。路肩でノビてる人もいる。あきらめて押している人もいる。みんなツライのだ。そんな難所でパンクしている人もいる。「ガンバッテ！」と、せめてもの慰めの言葉をかけて走り抜ける。

大きな峠では、主催者が「ここが頂上」と看板を出している。ありがたいのだが、この最終峠のいやらしいところは、分水嶺を越えても、稜線づたいにしばらくはアップダウンが続くことである。底意地の悪い峠である。ドクンドクンチカチカ生活から解放されたかと思いきや、またもや上り坂。訴えてやる！

　だが、本格的に下り始めると、日本海へ向けて10㎞以上続くダウンヒルの気持ちよさは筆舌に尽くしがたい。当然その快感は、自分の足で10㎞上ってきたからこそである。自転車の世界に「濡れ手でアワ」はないのである。

　山を抜けて、海におりてくる。

　姫川港近くの最終エイドでは、コロッケが供されていた。補給食に揚げ物というのは珍しいが、地元精肉店の名物だという。「疲れにはコロッケがいちばんよ！」と、元気なおばちゃんから幸運にも最後の残り1個をいただく。まだほっこりあったかいのをかじれば、またもやうまいのなんの。

　大休止してから再びこぎだすと、ポツポツと雨が落ちてきた。糸魚川の小さな市街地を抜けて、国道を渡り、海岸沿いの遊歩道に出る。早くも冬景色を予感させる日本海を左手に見ながら、快走する。

　だがこのとき、ぼくの自転車は後輪が**スローパンクチャー**[*1]をしていた。無事帰りつけるかどうか不安だったが、なんとかぎりぎりもって、ゴールに辿りつく。

最後の楽しみは、大鍋でつくったカニ汁。おなかも足も満腹だ。

＊1　**スローパンクチャー**　ゆっくり空気が抜けるパンクのこと。ロードバイクのタイヤはカチンカチンになるほど高圧にして使うため、たいていはパンッという破裂音とともに一気にパンクする。

いざノリクラへ

携帯酸素を持参する

ノリクラに出ませんか。若い自転車友達から電話が入った。

全日本マウンテンサイクリング・イン・乗鞍。全国の坂バカが集う日本最大のヒルクライム・イベントである。毎年８月最後の日曜日、乗鞍エコーラインを封鎖して行われる。一度も出たことはないし、出たいと思ったこともない。というのも、ぼくは高地に弱いのだ。

立山アルペンルートで室堂(むろどう)へ行って、１泊したとき、軽い高山病にかかった。頭が重くて、風邪っぽかった。室堂の標高は２４００ｍである。

クルマの試乗や撮影でたまに富士スバルラインの終点まで行くが、景色はよくても、気分はよくない。酸素が足りないのがわかる。５合目の標高は２３００ｍだ。

昔、アメリカをクルマで横断したとき、リアシートで寝ていたら、突然、息苦しくて目が覚めた。なにごとかとあたりを見回すと、今まさにロッキーの峠越えに差しかかっていた。

そういった前歴からノリクラを考えると、そうとうな難敵に思えた。それまで自転車で上った最高地点は、山梨県の大峠。カシオの高度計は1560mを示していた。そのときはべつになんの異状も覚えなかったが、ノリクラはスタート地点がそもそも標高1300mにある。そこから22㎞走った先のゴールは2700mにも達する。平均6・4%の上り勾配よりも、そんな空気の薄いところで、果たしてぼくに自転車がこげるのだろうか。

でも、過去2回出場している友人によれば、酸欠でアップアップしている人は見たことがないという。途中2ヵ所の補給所や畳平のゴールに酸素ボンベが用意されているわけでもないらしい。不思議だ。坂バカたちの肉体は、いったいどんな構造になっているのか。

本番までにせめて富士スバルラインくらいは上っておこうと思ったが、結局、果たせなかった。レース前、フィジカル面でやった唯一の準備といえば、近所のスポーツ用品店で、携帯酸素スプレーを2本購入したことだった。1本は持参し、もう1本は山頂へあらかじめ運んでもらうバッグの中に入れた。

かくして8月最後の日曜日、朝7時30分過ぎのスタート地点に並んだのだった。

3000人の本番ホルモン

ノリクラは、人、人、人のイベントである。山頂を目指すのは総勢3000人だ。気温16℃、まずまずの好天のもと、大集団の中でスタートを待つ間にも、人いきれで酸欠になりそうだった。

しかし、あまりに混んでいたおかげで、緊張もせずスタートをきる。前方の動きに合わせてなんとなく歩き出し、なんとなく自転車にまたがり、ビンディングペダルをはめ、足を回し始める。最初の左コーナーを曲がると、いきなり勾配がきつくなるという話は聞いていたが、序盤はとにかく人の多さに圧倒されるばかりだった。

数km行ったあたりだったか、直前を走っていたライダーがなぜかいきなりフラッと斜行して、転倒した。僕の右隣にいた人が、よけきれずその上に乗り上げて、ひっくり返った。**上り坂**[*1]なのでスピードが出ていないのがせめてもの幸いだが、お気の毒である。しかし、次は我が身と肝に銘じる。

早くも自転車から降りて、歩いているおじさんがいた。MTBで軽いギアに入れ、ニコニコしながらゆっくり上っていく若い女の子もいる。真っ赤な顔をして、路肩でパンクを直している不幸な人もいる。一方、ヘルメットに風船をつけて走るお調子者もいる。そんな集団めがけて、後発の若い衆が大声を張り上げながらマクってくる。「右いきまーす」とか「蛇行するなよ！」とか。「ノリクラ、も、タイヘンなんすからァ」（初代林家三平）って感じだ。

ただ、大勢で走るメリットは、つらさを分かち合えることである。まわりでゼーハーゼーハーという息づかいが聞こえると、つらいのはおれだけじゃないんだとがんばれる。そうしてまた、本番ホルモンが分泌される。単独ヒルクライムじゃあ、こうはいかない。

山頂は満員電車だった

中間地点と記された看板の脇を通過したとき、サイクルメーターは41分台を指していた。とりあえず2時間をきるのが目標だったので、望外の好ペースである。

ゴールまでは一点の曇りもなく、全線上り坂。平坦路や下り坂はない。だが、想像していたほど勾配はきつくなかった。つづら折りのヘアピンカーブの頂点でキュッと厳しくなることはあるが、それも一瞬のことだ。たまに走りに行く相模湖近辺の峠のほうが斜度としてはキビシイ。

イベントの直前、行きつけの自転車店でノリクラ対策をしてもらったのもよかった。23Tが最大だったリアのギアを26Tに換えたのである。歯数が3つ増えるだけだが、あなどれない。足を1回転させると、23Tでは3・57メートル前進するが、26Tでは3・15メートルしか進まない。つまりそれだけ軽くこげるというわけだ。

その自転車店のご主人はノリクラの常連で、この日もトップカテゴリーの〝チャンピオンクラス〟で参加している。1時間20分以内で走れるハイエンドライダーのクラスだ。彼のアドバイスを聞かず、23Tのままで出ていたら、果たしてどうなっていたかわからない。機材に頼るのは、おじさんライダー救済の第一歩である。

懸念された低酸素問題は、結局、平気だった。酸素の薄さでいつ苦しくなるか、ちょっと期待もしつつ上っていったのに、苦しいといえば最初から苦しいのが最後までずっと続いただけだった。自転車のスピードで高度を上げるというのが適度な高度馴化を促すのか、理由はよくわからない。とにかく、ヨカッタ。

残り3㎞のあたりから視界が急に広がる。森林限界を超え、万年雪の大雪渓が右手に見える。それまで、ほとんど人の背中しか見た記憶がなかったので、雄大な景色が目にしみる。

タイムは自転車につけたチップで自動計測される。結果表をもらわなかったので正式記録は不明だが、自分のサイクルコンピュータでは1時間34分台だった。平均時速は12・3㎞。チャンピオンクラスのトップ、というか坂バカチャンピオンは1時間をきるというからスゴイ。

標高2700mの畳平はさながら満員電車のようだった。

マイクロバスで運び上げてもらった荷物をピックアップしに行く列が延々と続く。おかげで、肌寒さはしのげた。乗鞍エコーラインの占有時間が12時半までなので、ゴールしたら隊列を組み、来た道を戻って、速やかに下山しなくてはならない。なにしろ3000人のイベントだから、わがままは許されない。

こんどは、少人数で来て、乗鞍をじっくり味わってみたいと思った。

＊1 上り坂 日本でヒルクライム競技が盛んな理由のひとつは、上り坂なら大きな事故の心配がないからである。帰路の下りは集団走行で、しかもオートバイが先頭固定してスピードを出させない。

奥多摩のキラー林道

激坂へようこそ

奥多摩の檜原(ひのはら)村に風張(かざはり)林道という知る人ぞ知る峠道がある。麓からの距離は5km足らずだが、勾配は平均で13％、最もキツイところだと18％という激坂だ。ちょっとした登山道を舗装したような急坂である。上りきった出口が、奥多摩周遊道路の風張峠。フェンスで塞いであるため、クルマの往き来はできない。

仲間と走りに出たある日、家から50km走った山中に「激坂へようこそ」とチョークで書かれた路面を発見した。おお、これが噂の風張林道か。試しに上ってみようと、軽い気持ちでスタートして1kmあまり、生命の危険を感じて、自転車から緊急脱出した。斜度がキツイため、ビンディングを外して足を着くのも大変なのだ。本当にあのときは心臓が爆発する！　と感じた。それから先は同行のKと一緒に最後までほとんどずっと自転車を押して上った。ソールの硬いサイクルシューズで急坂を歩いたのが祟ったか、ぼくは股関節を痛めた。

リベンジを期して再訪したのは1年後である。

そのときはノンストップで初登頂に成功する。坂に逆らわない超スローペースと、斜度をいなすジグザグ走行の賜物である。

上り始める前、スタート地点で息を整えていたら、オレンジジャージを着たふたりの若者が急坂を下りてきた。スキル・シマノの野寺秀徳[*1]を生んだ法政大学自転車部の現役部員だった。ひとりは〝Ｊａｐａｎ〟のレーパンをはいている。

「ウチの息子も法政の多摩キャンなんだよ。ロック小僧だけどね……」。というようなオヤジの軽口に付き合ってくれたナイスガイは、帰るのかと思ったら、再び「もう一本」の登坂に向かった。しかもいきなりの急勾配を軽やかにダンシングしていくではないか。

それを目のあたりにしてしまったのが、その日のKの敗因だった。スタートするなり、サドルから腰を浮かせ、あっというまに見えなくなった。ぼくより10歳近く若い健脚だが、それにしたって大丈夫か。取り残されて、ひとり我慢のジグザグ登坂を続けていくと、最も斜度のきつい檜原きのこセンター手前で、Kを発見する。スタートから1・5㎞。自転車に上体をあずけるようにして立ち往生していた。こっちの息づかいに気づくと、「行っちゃってくださァ〜い」と力なく叫んだ彼の右足は小刻みに震えていた。筋肉が痙攣を起こしたのだ。

風張林道はかくのごとく凶暴な峠である。旅愁を誘う名前に隠された真の姿。ワタシはそれをキラー林道と呼びたい。

後輪は滑り、前輪が浮く

奥多摩の人殺しの坂を三たび訪れたのは、5月の大型連休が迫った週末である。

この日のメンバーは三度目の正直を期するKと、わがチームＴｉｋｉＴｉｋｉの新人、ＴＫだ。まだ30代、自転車に乗り始めてまもないが、いままで連れて行ったどんな難所でも一番速い。元サーファーにして、ドリフトチャンピオンでもある驚異の新人だ。

ぼくはといえば、ダントツの最年長に加えて締切明けである、麓までの50㎞がいつになくコタえた。ふたりをファインダーごしに見送ったあと、ゆっくりスタートする。もちろん最初から最軽ギアである。杉木立に囲まれた序盤から容赦ない上りが続く。ポルシェバイクの前輪が浮きたがっているのがわかる。ハンドルに体重をかけて、微妙にバランスをとる。青苔に乗ると、後輪がたちまち空転するので、路面からも目が離せない。

坂道は単に斜度や長さといったスペックでは計れない。いちばん肝心なのは坂の持

最も勾配のきついこのあたり、だれでもジグザグ走行を余儀なくされる

っている〝性格〟である。

風張林道は、ぼくが知る激坂峠のなかでも最も凶暴だ。とにかく序盤が厳しい。グローブを合わせるなり、いきなりボコボコにされる感じだ。右手の視界が開けると、さらに勾配はきつくなる。まったく天を衝くような坂である。早くも否応なしのジグザグ走行だ。きのこセンター付近には何軒か民家があり、たまに道幅いっぱいのマイクロバスがやってくる。遭遇したら、登坂は中断である。

なんとかきのこセンターは越える。ここを過ぎると、坂はひと息つく。「オマエもやるなあ」と、わずかに胸襟を開いてくれる、はずなのだが、この日はダメだった。かなり気温が上がったせいもあり、酸欠で頭が朦朧としてきた。ウエストバッグからデジカメを取り出し、気つけ薬代わりの〝乗り撮り〟に励むも、そのうち億劫になる。ハンドルにしがみついたまま下を向くと、速度計は４㎞／h台を示していた。これがロードバイクのスピードか！

３㎞あまり行ったところで、ついに路肩に倒れ込む。おあつらえむきの木陰だ。そのまましばらく路上で大の字になる。

リタイアは蜜の味である。ハチの斥候が飛んできたが、逃げる余力はなかった。そのままウトウトしかけると、上のほうからおばさんの話し声が聞こえた。ハイカーだ。オヤジがこんなところに倒れていると、ホントに人殺しと思われる。気力を振り絞って起き上がり、自転車の整備をするフリをした。上にクルマを置いて歩いてきたというおばさんたちとしばらく立ち話をする。片方がポルシェバイクを見るなり、言いやがった。「これ、電動アシスト？」

再び走り出したが、結局、この日は回復しなかった。１㎞ほど行って、また路上に寝ころぶ。

標高が上がって涼しくなり、日なたがちょうど気持ちいい。でも、心は痛い。先行のふたりはとっくにゴールしているはずである。大嫌いな長渕剛の歌が頭の中をグルグルしていた。「完敗〜〜完敗〜〜♪」。もう一度起き上がってみたが、もはやこぐ元気はなく、押す。すぐに押す元気も売り切れて、立ち止まる。頂上まで600mの地点だった。今日はここで撤収だ。

急坂直線路の真ん中で惨敗記念の写真を撮っていると、オレンジのライダーが駆け上がってきた。風のようにすり抜けたとき、「ここ、けっこうキツイっすねえ」という声が聞こえた。慰めてくれて、ありがとな。半年前に会った法大の選手だったかもしれない。

＊1　**野寺秀徳**　2005年、2008年の全日本選手権を制したプロロード選手。ジロ・デ・イタリア（2002年）を完走した2人目の日本人でもある。2010年からシマノレーシングチームの監督を務める。

ツール級の峠が日本にあった

山梨県の大弛峠

夜、家でエアロバイクをこぎながら、自転車雑誌をめくっていると、思わず目がとまった。「ニッポンには、ツール・ド・フランスと同じレベルの峠がある」という記事だ。

山梨・長野県境にある大弛峠。２３６０ｍのこの峠は、海抜標高だけでなく、コースの距離も、高低差も、平均勾配も、ツール・ド・フランス屈指の超級山岳ステージ、ガリビエ峠に匹敵する、とあった。

調べると、最寄り駅はＪＲ中央線の塩山である。大半は林道だが、山梨県側は全線舗装されている。マイカーで上れる日本最高地点の〝峠〟だという。

多摩地区に住む自転車乗りとしては、「おおだるみ」と聞くと、国道20号の大垂水峠をまず思い浮かべる。標高４００ｍ弱のここだって、ヘタレオヤジにはけっこうツライのだが、大弛峠は、さらに２０００ｍもの高みにあるわけだ。そんな急峻が関東近県の近場にあるとは知らなかった。エアロバイクのアドレナリン効果も手伝って、俄然、アシが鳴った。早速、イトイガワ仲間にお誘いのメールを打つ。

高低差2000mを攻める

11月3日、文化の日、朝8時過ぎに塩山駅に降り立つと、駅前広場ではすでに何人かの若者がMTBを組み立てていた。大弛峠アタックだろうか。登山客の姿も多い。相乗りを誘うタクシーの客引きもがんばっている。ぼくらも早速、輪行袋を開けて、自転車の準備をする。

近くのコンビニで補給食を仕入れ、いざ出発、という段になってもなんとなく気勢が上がらなかったのは、予報よりも天気が悪かったせいだ。すぐそばの低い山にもガスがかかっている。おにぎりを食べながら喋るクチから、白い息が出る。

標高400m足らずの塩山駅から大弛峠までは40km弱である。フルマラソンより短いと思えば気楽だが、垂直方向に2000m上がるとは気が重い。夏の〝ノリクラ〟だって、高低差は1400mだ。ここの天候がこんなだと、今日は果たして完登できるかどうか、不安がよぎる。しかし、それだけに冒険気分はいやます。煮ても焼いても食えないオヤジサイクリストたちのココロにもさざ波が立つ。自転車って、すばらしい。

ちょっと重たい心と体で北へ向かってこぎ出す。ほどなく笛吹川沿いの国道140号に出る。すでに道はゆるく上り始めている。長いトンネルを抜けたところで、左に折れて、県道に入る。早くも農道の風情だが、勾配は急にきつくなる。でも、うれしいことに、いつのまにか上空は雲がとれ、青空が広がりつつあった。キャンプ装備を後輪に背負ったMTBの若者ふたりが、ガシガシ立ちこぎしながら追い抜いてゆく。

死ぬほど気持ちいい

結論を言うと、4名の大弛峠アタック隊（内2名は腹が大弛み）は、この日、全員、無事に完登を果たす。塩山から峠までの実走行距離は38㎞。途中、休み休みで5時間かかった。

さすがに走り甲斐のあるコースだったが、自転車乗りにとっては文句なしの〝名峠〟である。まずうれしいのは、道がいいこと。景色もいいが、道路の状態もいい。さらに、これだけの峠にもかかわらず、コースがやさしい。イジワルな峠ではないのである。

標高1400mにある乙女湖まで上ってくると、見通しのいい数百メートルの下りがあった。全ルート唯一の下り坂、あとはたしかに上りっぱなしなのだが、〝激坂〟はない。畑の中をゆく序盤の県道が上り坂の洗礼だが、ここよりきつい坂はなく、そこもせいぜい10%くらいではないか。ヒルクライマーなら、勾配に驚くことはないはずだ。

乙女湖の坂を下ると、「大弛峠まで15㎞」の標識が現れ、一転、きつい上りに変わる。だが、しばらくいって川上牧丘林道に入れば、ほぼ平坦に近いワインディングロードが数㎞続く。カラ松林を貫くこの林間コースが夢のように気持ちよかった。つまり、ひとくちに峠道といっても、緩急、強弱の表情が豊かなのだ。

頂上まで残り10㎞のあたりから、勾配はまたきつくなる。でも、ぼくはこの日、なぜか妙に調子がよかった。残り5㎞あたりからは久々にサイクリング・ハイさえ味わう。ぜんぜん疲れを感じなくなったのである。

標高はとっくに2000mを超えているはずなのに、思いっきり立ちこぎをしても苦しくない。おそらくは、軽度の酸欠で脳がトリップしていたのだろう。いや、ひょっとしたら、死んじゃってるのかもしれないと思った。映画『シックス・センス』のブルース・ウィリスみたいに。

マイカーと登山客で混み合う山頂に近づくと、まわりから「自転車よォ！」というオバサンハイカーの声が飛んだ。ガリビエ峠のウイナーみたいで、ちょっとうれしかった。

しかし、頂上からはほとんど眺望はきかない。15分歩くと〝夢の庭園〟というパノラマビューポイントがあるらしいが、４人ともそんな元気は残っていなかった。

成層圏の如き青空の下、陽射しは強いが、気温は低い。防寒装備を整えて、下山を開始する。

こんどは38㎞ダウンヒルである。すっかり冷たい空気に包まれたカラ松のワインディングロードで、ぼくらは再び、トリップした。

時坂峠のうどん

奥多摩は坂バカの聖地である

東京都の西の奥、奥多摩はサイクリング天国である。自転車歴が長くなると、どうしたって経験済みの道が増えてきて、マンネリに陥りがちだが、多摩地区を根城にする人間でも、多摩の奥は未踏ルートの宝庫である。

JR奥多摩駅の南に、鋸山(のこぎりやま)林道という険しい峠道がある。夏の暑い盛り、国道から入るその道を発見して、峠を目指した。標高1000mの頂上に近づくと、視界が開け、奥多摩の山々が見渡せる。これが東京⁉ なんて、笑っちゃうような景色である。またひとつ名峠発見と喜んだが、そのかわり、キツかった。ちなみに「大ダワ」と呼ばれるこの峠は、トレールランナーの憧れ、長谷川恒男カップ（通称ハセツネ）の通過ポイントでもある。

テッペンで大の字になっていたら、若いマウンテンバイカーが上ってきた。ムッ、デキる。足の回転のかろやかさが違う。上りきると、ロードバイクのぼくらには目もくれず、颯爽と自転車を肩に担ぎ、土の登山道をワシワシ登っていくではないか。舗装路の峠でノビている場合ではないのである。奥多摩は、深い。

気分はモンテカルロラリー

ゴールデンウイークの日曜日、懸案になっていた時坂峠(とつさか)へ行く。檜原村の払沢(ほっさわ)の滝入口から上がる峠道だ。滝までは何度か行ったことがあるが、その先に細い道が延びているのを、最近、地図で発見したのである。

多摩サイを遡り、羽村(はむら)から一般道に出て、武蔵五日市へ向かう。ウチからちょうど30㎞でJR武蔵五日市駅前へ着く。この駅は奥多摩への玄関口で、新宿方面から輪行で来るサイクリストも多い。

秋川沿いの檜原街道を進む。途中の杉並木で、いつも空気が変わったなと思う。夏は一段、涼しくなり、冬は一段、寒くなる。

再び沿道が町めくと、右手に檜原村役場が現れる。島を除く東京都で唯一の〝村〟役場だ。1階にあるカフェはガラス張りで、秋川渓谷を見下ろしながらお茶が飲める。食べ物もおいしい。以前、銀座のホテルだかレストランだかのシェフだった人がやっていると聞いた。食べ終わったら、トイレもお忘れなく。総ヒノキの壁が見事である。

村役場を過ぎると、道はすぐT字路になる。左へ行くと奥多摩周遊道路方面。たいていのサイクリストはそっちへ向かうが、今日は右折。曲がるとほどなく払沢の滝入口に着く。

払沢の滝は奥多摩の観光名所のひとつである。寒い冬だと、完全に凍る滝で、それが何月何日かを当てる「氷瀑クイズ」を昔からやっている。ところが、近年はなかなか完全氷結に至らない。そのため、檜原村役場が毎日、結氷度を観察して、パーセントで発表し、その最大日を正解にするという妥協案がとられている。つまり、完全に暖かくなってからでないと、氷瀑クイズの答が出ないという、ちょっとトホホな事態が続いている。でも、仕方ない。あったかいんだからァ〜♪

大型連休序盤とあって、払沢の滝パーキングは整理員が出るほど混んでいた。路肩をふくらませた駐車場で行き止まりかと思いきや、なるほど奥に道が続いている。その林道ふう舗装路を上ってゆく。

かなりの坂だが、激坂ではない。杉林の中を見通しの悪いカーブが連続する。途中に茅葺きの家があった。現役の民家である。その先で、クルマに乗り込もうとしているおばあさんに声をかけられたが、よく聞き取れない。「自転車じゃあ、きついだろー」みたいなことだと思う。「こんちゃー」と返事をしてこぎ続ける。

そんな林間のつづら折りを2㎞ほど上ってゆくと、モンテカルロラリーにありそうな大きなカーブに出る。視界が開けたのは、斜面の杉を一面、伐採してあるからだ。代わりに新しい苗木が植わっている。このあたりでよく行われている花粉症対策事業である。

カーブの先で自転車を降り、振り返ると、山並みの向こうに平野が広がっていた。遠く春霞に滲んでいるのは、新宿副都心ではないか。灰色の棒みたいなのは、東京スカイツリーに違いない。近景の新緑が目にしみる。日射しは暖かいが、湿気はない。ああ、気持ちいい。

ここで引き返してもよかったが、まだ緩い坂が続いていた。再びこぎ出すと、1㎞あまりで峠に出た。その先からは急な下りになっている。どこにも案内は出ていないが、これが時坂峠だろう。

ウチから45㎞。標高は560mほどだが、峠の北側に眺望が開け、奥多摩の山々が見渡せる。熟年カップルのハイカーが景色に歓声をあげていた。

ハイ、にひゃくまんえん

峠にはポツンと一軒、絵に描いたような「峠の茶屋」が建っていた。暗い店内にお

客はいないが、うどんが食べられるというので、注文する。

かなりのおじいさんがたったひとりでやっている。写真を撮りにいって、戻ってきたら、「さっき注文した人じゃないよね」と言って、もうひと玉、うどんを鍋に入れようとした。大丈夫だろうか……。動きも遅い。耳も遠い。

でも、大きな声で話しかけると、ゆっくりだがちゃんと答えてくれる。店を開いて25年。定年退職して、60歳から始めたのだそうだ。峠を少し下りたところにそば屋があり、最初はそこで1年修業した。商売敵にならないようにおじいさんのところはうどん専門だが、今はもっぱらそば屋のほうが人気なんだと言って、ニコッとした。そういえば、さっきのハイカーもこれからそばを食べに行くと言っていた。

店の中は完全に「おじいちゃんち」である。この日、都内は30℃近くまで気温が上がったが、ここではまだ薪ストーブを焚いていた。今朝は寒かったのだそうだ。畳の小上がりから外を眺めていると、めっちゃなごむ。数時間前まで、家でルーティンワークをしていたことが信じられない。途中、いい汗までかかせてもらって。これだから、自転車はやめられない。若いサイクリストが顔を出し、「水、いいですか」と聞きにきた。店の外にタライが置かれ、沢の水がかけ流しになっている。

はなまるうどんの20倍くらい時間がかかったが、御年85歳がつくった手打ちざるうどんが登場する。一緒に茹でていた白菜が添えられ、なぜかお盆の上に韓国海苔がひとパック付いている。食べようとしたら、「あ、忘れた」という感じで刻み海苔をかけにきてくれた。これだけ長い時間茹でたら、ナイデンテにきまっていると覚悟していたが、うどんはコシがあっておいしかった。

食後、皿洗いでも手伝っていこうかなと思ったが、お客さんが入ってきたので、やめる。店内に品書きは見当たらないが、一品勝負のざるうどんは８００円。高くない。手さげ金庫から出してきたお釣りが「ハイ、にひゃくまんえん」だったから。

峠の向こうへは下りず、引き返す。もう一日一峠で十分である。時坂峠、ごちそうさまでした。

第5章

楽しいのはロードバイクだけじゃない

リカンベントってなんだ?

上を向いて走ろう

自転車は〝またがる〟ものである。英語だと〝ride〟だ。オートバイも馬も、〝またがる〟という。またがるところを「サドル」と呼ぶのも同じだ。

ところが、リカンベントと総称される異形の自転車は違う。サドルというよりシートと呼びたくなる立派なイスに〝座って〟乗る。ペダルは足を伸ばした前方にあるから、それにつれて上体は否応なく後傾する。そのためリカンベントのシートには必ず背もたれが装備される。その角度によっては、座るどころか仰向けにほとんど〝寝て〟乗るタイプもある。〝recumbent〟とは、英語で「寝そべった」という意味だ。

そんなフザけた格好で、自転車に乗りたくないわい。最近、サイクリングロードなどに出没するようになったリカンベントを見て、そう感じている人もいるだろう。ぼくもそうだった。ところが、この夏休み、タルタルーガで多摩サイを走ってみて、思った。リカンベントはアメ車のコンバーチブルだ!

ふだん乗っているロードバイクは、アゴを引き、カラダ全体でファイティングポー

ズをとって乗る自転車だ。リカンベントはその対極にある。背もたれに上体をあずけ、足を前に伸ばし、ハーレースタイルのハンドルバーに手をかけてポジションをとる。すると自然にアゴが上がり、目線はロードバイクより上を向く。おかげで視野が広くて、景色が大きい。

こぎ出しは多少フラフラする。重心が高いので、低速ではフラつきたがる。でも、その性質を呑み込んでしまえば恐るるにはあたらない。それどころか、一度この乗り味こぎ味になじんでしまえば、走り出すなり眉間のシワは消え、毛穴は開き、たちまち解放される。そういう〝体温〟が、アメ車のコンバーチブルそっくりなのである。

タルタルーガ・タイプRは日本人が設計し

たリカンベントだ。そのせいか、過去に何台か経験したリカンベントのなかでもいちばんしっくりきた。剛性のあるアルミフレームは、後輪にサスペンションを備える。前輪は16インチ、後ろも20インチと、タイヤは小径だから、リアサス付きはありがたい。

なにより気に入ったのはイスである。軽く前傾したフレームにクイックリリースで固定されるシートは、クッションも背もたれもサイズがたっぷりしていて、座り心地は申し分ない。ヘタな日本のクルマのシートよりいいかもしれない。走り出したが最後、リカンベントは一瞬だってシートから腰を浮かすことができない。イスをケチったらおしまいである。

上り坂は苦手

伊豆修善寺のサイクルスポーツセンターでも走ってみた。

このコースには最大12％の急坂がある。昔、「東京〜糸魚川ファストラン」に自作のリカンベントで出場した人がいる。1000m級の峠を4つ越すタフな長丁場で、ブービー賞ながら、見事、完走を果たした。車高が低すぎて、クルマからの視認性が悪いため、その後、リカンベントの出場は認められなくなったが、あのライダーはつくづくツワモノだったと思う。

リカンベントの弱点は上りである。このライディングポジションでは上体の力がペダリングに使えない。上から体重をかけて踏む〝立ちこぎ〟もできない。上り坂では軽いギアをかけ、ひたすら忍の一字で足を回すしかない。タルタルーガには24段ギアが付いているので、ギア比に不足はない。けれども、上り坂ではますます足が上がって、頭が下がる。そもそもこの姿勢がヒルクライムの戦意を喪失させる。アメ車のコンバーチブルでコーナーを攻めたくならないのと同じか。

だから、これはやっぱりクルージングバイクである。

アップライトなポジションで走る普通の自転車より前面投影面積が小さいから、理論的にはよりスピードが出る。風車でおなじみ、風の強いオランダでリカンベント人気が高いのはそのためだろう。タルタルーガに乗っているときも、それほど向かい風を感じなかった。ただしそれは、追い風でもそれほどトクしないということだ。自転車はフェアな乗り物である。川沿いのサイクリングロードのようなフラットで開けたコースを、適度な有酸素ペースで流す。それがリカンベントのいちばん正しい乗り方である。

タルタルーガは1週間ほど借りていた。その後、「あれ、ほしいなあ」とヨメさんの前で独り言を言ったら、「どこに置くのよ」とニラまれた。ガレージ滞在中、けっこう邪魔にされていたのである。１３０㎝のホイールベースはロードバイクより30㎝長い。立派なシートがあるので、幅もとる。でも、かわいい自転車だ。

ミニチャリにハマったワケ

コインロッカーに入る自転車

〝トレンクル〟というウルトラ小径車をもっている。車名は「トレイン＋サイクル」をつなげた造語だ。ＪＲ東日本とパナソニックが共同開発した超小型・超軽量のフォールディング（折り畳み）バイクである。

14インチ[*1]という小径タイヤだから、車体は笑えるほどコンパクトだ。さらにフレームとハンドルポスト根元などにあるクイックリリースを操作して折り畳めば、縦59cm、横55cm、厚さ33cmになる。ＪＲの駅にある中型コインロッカーに入るサイズ、というのが謳い文句だ。

軽さも徹底している。フレームもフォークもチタン製。変速機はないが、クランクはシマノのロードレーサー用最高級パーツ〝デュラエース〟が付いている。サドルは、チタン製レールをもつセライタリアの〝フライト・チタニウム〟。いずれも軽量を買われて標準装備されたパーツである。ある意味、最もオタクなパナソニック自転車だ。

その結果、車重は6・5kg[*2]と軽い。軽さ自慢のロードバイクより軽い。変速機もブレーキもない競輪用ピストレーサーより軽い。電車の網棚にも気軽に乗せられる重さ、というのが目標値だったという。

初めて乗ったのは、雑誌の取材だった。折り畳み式小径ホイール自転車イッキ乗り。そのなかでもトレンクルは圧倒的に小さくて軽かった。

だが、走行性能のほうは欠点だらけである。これだけ小さくて軽いと、どうしたって走る性能は犠牲にせざるを得ない。たとえば、キリンの首みたいにながーいハンドルポストは剛性が足らず、ちょっと力を入れただけでしなるとか。しかし、高価なチタンフレームだから、価格は発売当時から大企業の大卒初任給（額面）くらいした。こんなのだれが買うんだ……⁉ オレが買うしかないじゃないか⁉ 昔、フィアット[*3]126を買ったときと同じ動機で買った。

イジらずにはいられない

ちょうどそのころ、家の建て替えのために引っ越しをした。借りていた駐車場はそのままだったので、仮住まいから少し距離ができてしまった。「駐車場まで乗ってって、そのままどんなクルマにも載せられる、いい自転車があるんだよなあ……」。ヨメさんにはそのようなことを言ったと思う。実際、これは屁理屈じゃない。もともと鉄道とのハイブリッドユースを考えて開発されたものだが、トレンクルは〝自動車用自転車〟としても好適だ。普通のセダンのトランクにも、畳めば楽に入る。いやそれどころか、2台入る。軽いからまさに片手でヒョイだ。

安くないんだぜアピールなのか、チタンシルバーに輝くメインフレームに黒いスエードみたいな布地が接着され、そこに〝Panasonic〟のロゴが書かれていた。場末のスナックのソファみたいでカッコわるいので、それを剥がし、代わりにACミランのステッカーを貼った。ミラノ市の市標を使ったそれは、遠目にはアルファロメオのマークに見えるのである。

安っぽい黒のハンドルグリップは、早速、赤いMTB用に換えた。ブレーキもひどくチャチなのでシマノのMTB用のしっかりしたものを奢ってやりたいが、なにしろホイールが特殊なサイズなので、合うものが見つからない。ワイヤレスのスピードメーターを装着してみたが、スポークに付けるマグネットと、ハンドルバーに付けるメーター本体との距離が離れすぎていて、信号が届かない。これも超小径ホイールの欠点である。

だが、おもしろさもまた、この小さなタイヤゆえだ。軽さを求めた結果、変速機は

ない。というか、これだけ軽いと変速機の必要がない。どんなに足をクルクル回したところでスピードは知れたものだが、そのかわり、走りは羽根のように軽い。

オイタは禁物、超スロー散歩自転車

坂道だって、ぐんぐん上れる。と言いたいところだが、これにはかなりのコツと慣れが要る。サドルがリアホイールの近くにあって、後輪荷重が極端に大きいため、急な上り坂だとウイリーしやすいのだ。なにはともあれ「コンパクト命(いのち)」でつくられたために、荷重バランスがイビツなのである。

一度おもしろがって山梨県の大峠に上った。標高1600m近い行き止まりの頂上まで上りが15km続くその名の通りの大きな峠だ。

真夏である。5〜6人中ビリだったが、無事完登。ロードバイクの仲間を追いかけてダウンヒルを開始する。ブレーキがプアだからあっというまに引き離されたが、精一杯のスピードで下る。中腹まで下りたころ、カーブで突然アンダーステア[*4]が出て、アウト側の路肩にツッコミそうになった。前輪のパンクだった。なんとか無事に止まって前輪のリムに触れたら、やけどしそうになった。小径ホイールに制動をかけ続けるうちに、リムが過熱し、その熱でチューブが溶けて空気が一気に抜けたのである。

何が悪いって、問答無用で自分がバカだった。トレンクルのどこがダウンヒルマシンやねん。

小径車には芸がある。場所を取らないとか、畳めるとか、カワイイとか。しかしその芸以外のところで、度が過ぎたオイタは禁物である。

自転車のスピードと安全性は車輪の大きさに比例する。タイヤが大きければ大きいほど速いし、安全になる。ツール・ド・フランスに小径車で出る人はいない。1959年生まれの英国ミニだって、10インチだったホイールが40年後の最期には13インチにまで大径化されたのだ。

でも、使い方を間違わなければ、トレンクルは楽しい自転車である。いちばんタメになったのは、「ゆっくり走ることがおもしろい」ことに気づかせてくれたこと。トレンクルは遅いので、必然的にポタリングせざるを得ない。そんな自転車の乗り方は正直言って馬鹿にしていたのだが、やってみたら楽しかった。

本当に自転車というのはさまざまだ。クルマ以上にさまざまである。

＊1　14インチ　3輪車から乗り換える補助輪付き子ども用自転車と同じタイヤ径。

＊2　6・5kg　度が過ぎた軽量化による危険性を避けるために、国際格式のロードレースに出場できる自転車の最低重量は6・8kgと決められている。トレンクルは300gの錘を積まないとツール・ド・フランスに出られない。

＊3　フィアット126　'72年から2000年まで生産されていた650cc空冷2気筒リアエンジンのスモールフィアット。エンジンもステアリングもブレーキも、あまりに頼りなくて、試乗の仕事で初めて乗ったとき、「家まで帰れない」と思った。

＊4　アンダーステア　曲がろうとしているのに、カーブの外側にふくらんでしまうこと。

スポーツ電チャリの世界

タダで電動アシスト自転車に乗る法

バッテリーをまったく使わずに、電動アシスト自転車に乗る方法がある。24km/h以上でずっとこぎ続ければいいのである。電動アシスト自転車（以下、電チャリ）には、補助力を24km/hで打ち切るというルールがある。原付二輪車の法定最高速30km/hから決められた規制だ。

ヤマハPASブレイスXLは、電チャリのパイオニアがつくるスポーツ自転車である。26インチのクロスバイクフレームで、前輪にはサスペンションとディスクブレーキを装備する。電チャリにも今はこんなスポーティモデルがあるのである。

これもアシストのルールは同じ。10km/hが補助力のピークで、そこからはアシストが漸減し、24km/hでゼロになる。大容量バッテリーを搭載し、最も強力なアシストが得られる「強」モードでも49km走れる。いちばん電池がもつ「オートエコ」なら74kmもアシストが受けられる、というのがカタログデータである。

それならばと、ロードバイクでときどき訪れる高尾山近くの小仏峠（こぼとけ）へ向かった。ウ

チから片道30㎞あまりの距離だ。
往路は節約してオートエコで走った。峠まで5㎞続く坂道では「強」に入れ、帰路もほぼずっとそれで走った。家に着くと、走行距離は65㎞。10コマあるバッテリー残量計は半分しか減っていなかった。カタログ値よりぜんぜん〝もち〟がいいではないか。
理由は明らかだ。カタログ値の想定ライダーよりぼくの足のほうが頑張ったからである。
モーターとバッテリーを積む電チャリは重く、この自転車も車重24㎏。軽いロードバイクの3倍もある。ぼくの足だと平坦路で24㎞／h以上をキープするのは無理だが、20㎞／hくらいでなら巡航できる。そうすると、アシストも電池の減りも少ないのである。そのかわり、ロードバイクより疲れる。よく言えば、鍛錬になる。

一方、小仏峠への上りでは強力なアシストをもらって、ロードバイクよりはるかにラクに、しかも速く上れた。

とはいえ、あくまでまずペダル入力ありきの電チャリだから、濡れ手でアワというわけではない。それなりに心拍も上がり、足にもくる。

電チャリで激坂峠へ

先日、ロードバイクで和田峠へ行った。八王子市と相模原市の境にある難所だ。頂上に着いて悶絶していたら、かなり普通のカッコをしたおじさんがクロスバイクで上ってきた。この超級激坂峠をその自転車でよくぞ！　と拍手で迎えようとして、よく見たら、パナソニックのスポーツ電チャリだった。

しかし、電チャリにしても和田峠に上がってくるとは、タダモノではない。話を聞くと、自宅はぼくより遠く、ここまでは50㎞ある。河口湖まで走ったこともあり、電池は100㎞くらいもつと言っていたから、この人も平地ではほとんどアシストに頼らず自分でこいでいるのだろう。それだけこげるなら、ロードバイクに乗ったほうがいいんじゃないですかと言ったら、余計なお世話だった。首の具合が悪いので、負担の大きいロードバイクは無理なのだそうだ。

自分でこげない人を救うのが、電チャリのそもそものコンセプトである。だが、電チャリの可能性はそれだけではない。正直言って、スポーツ電チャリなんてあり得ないと思っていたのだが、すでにこういう新しい使い方をされて、役に立っているのだった。

働く自転車で遊ぶシアワセ

運搬からヒルクライムまで?

自動車の世界だと「働くクルマ」はいろいろあるが、「働く自転車」というのは珍しい。エンジンは人間だから、自分を運ぶ以上に働くと、疲れちゃうからである。

しかし、疲れてもいいから、モノを運びたいという人の自転車が、コナのＵＴＥ(ウテ)である。後輪の位置を後ろへ大きく移動して、長い荷台を取り付けた。荷台付きの自転車は珍しくないが、ウテは荷物を積むためにフレームから変えてしまった。荷台両脇にさげる大容量のバッグも標準装備で、〝ロングテール・ビッグロードバイク〟なんていう形容もある。この場合の〝ロード〟とは荷重(ｌｏａｄ)の意味だ。コナはバンクーバー生まれのカナディアンブランド。ウテとは、ネイティブアメリカンの部族名だという。インディアンのなかでもとくに働き者だったのだろうか。

実物の第一印象は……長い。全長は２ｍ10㎝ある。ロードバイクより30㎝長い。フレームの真ん中から後ろを伸ばしているため、いかにも自転車のトラックという感じだ。頭揃えの駐輪場に置くと、タイヤ半本分お尻がはみ出す。

細長い荷台は厚みのあるアカシヤの板でできている。太いフレームに直付けされていて、堅牢なウッドデッキという感じだ。日本ではダメだが、本国では小さな子どもを前後2人またがらせて走ったりしている。荷台両側に付ける防水サイドバッグは、硬い樹脂の底板を持つしっかりしたもので、1個3kg近くある。フレームはアルミ製だが、さすがにこれだけ長いと、バッグなしでも車重は17kg近くある。

止めておくときもスポーツ車のサイドスタンドではとてももたないため、オートバイのようなセンタースタンドがフレーム中央部に備わる。スタンドをかけると、前輪が浮き、そのままだとハンドルがフルロックまできれて邪魔になるので、フレームとフロントフォークのあいだを巻きバネで結んで、タイヤをまっすぐに保つようにしてある。アメリカ大陸の人たちがつくったとは思えない、いろいろ考えたつくりである。

サイドバッグを付けたまま走り出すと、意外やこんなもんかと思うくらいの重さだった。ハンドルはたっぷり幅広で、グリップも大きい。水平に生えた大型トラックやバスの大径ハンドルを握っているみたいでおもしろい。振り返らなくても、後ろが長い実感はある。しかし、ロングホイールベースのおかげで、直進安定性は高い。乗車姿勢はアップライトで、胸を張って走る感じだ。

せっかくだから、ホームセンターで大袋のドッグフードを買って、荷台にくくりつけて帰る。全備重量30kg近くになったが、こぎが重ければ、ギアを落とせばいいのである。重いギアは足にくる。軽いギアをクルクル回すと心臓にくるが、自分がディーゼルエンジンになったつもりでがんばる。ギアはどんなビッグロードでも安心なシマノの18段が付いている。

欠点は、あたりまえだが、小回りがきかない。いつもの道で回りきれずに、切り返しをしたことが一度あった。重い荷物を積んでいると、足をついたときに、後ろが倒れそうになるから要注意だ。

6・5kgのペディグリーチャムを降ろし、ふたつで6kg近くあるサイドバッグも外し、〝空荷〟でも走ってみた。素振り用鉄バットから、木のバットに持ち替えたみたいに軽くなって、感動する。ついでにそのまま近所の激坂（24%！）を上りに行くと、難なく上りきったので、さらに感動する。ふつうの自転車だと、浮きそうになる前輪を押さえつけるのに神経を使うのだが、これだけホイールベースが長いと、そんな気遣いは無用だ。サドルにベタ座りのまま、足を回していればいい。これでヒルクライムに出たら、ウケること間違いなしである。

とくに働く自転車として使わなくたって、おもしろがってふだん使いにするのもありかなと思った。景山民夫は払い下げの消防車をマイカーにしていた。絶対に駐車違反をとられなかったので便利だったと書いている。

類車がないせいもあり、ウテは2008年以来のロングセラーである。木製荷台が目を引くためか、都内ではオシャレなビストロの看板自転車なんかに使われていたりするが、ぼくは行きつけのサイクルショップでたまたま点検に来ていた若いオーナーと話したことがある。そこはMTB中心のスポーツサイクル店で、コナも扱っている。よりによってなんでこの自転車にしたの？　と聞くと、「クルマも免許も持っていないし、持つ予定もないので」と答えた。つまり、彼にとってはシンプルにマイカーのオルタナティブがこの貨物自転車だったというわけだ。

ウーム、クルマがもはやそこまで見切られているのかと、自動車ライターとしてはフクザツな思いもしたが。

電気仕掛けの変速機

別府史之が開発した⁉

ロードバイクに電動変速機が登場した。シマノのデュラエース〝Di2〟だ。

バッテリーを積み、電気スイッチとモーターで変速メカを動かす。いわゆる〝シフト・バイ・ワイヤ〟の変速機は、クルマの世界ではもう珍しくないが、自転車もついにか。2009年ツール・ド・フランス最終日、パリの周回路で一時トップに躍り出て、集団を牽き、敢闘賞を獲得したスキル・シマノの別府史之(べっぷふみゆき)車にいち早く搭載されていたらしい。

その電動デュラエースをぼくも試してみたいと、「バイシクルナビ」誌の編集部に頼んだら、スゴイ自転車を借りてきてくれた。ピナレロの〝プリンスXデュラエース・エレクトリック〟。ピナレロのカーボンフレームだけでもありがたいのに、加えて全身ハイエンド・パーツで固めた電動デュラ登場記念の限定モデルである。

価格は150万円。ヨメさんのクルマ（スズキ・スイフト）よりはるかに高い。

「貸してあげるけど、乗らないでね」と言われそうな自転車だが、太っ腹にもそういうことではないらしい。それならばと、お言葉に甘えてマイサドルとマイペダルに交換して、いつもの仲間と奥多摩方面へ走りに行った。

ギアチェンジの快音

音がカッコイイ。電動デュラの第一印象はそれだった。シフトレバーならぬシフトスイッチを押すと、ディレーラーを動かすマイクロモーターの〝ヒュン〟という音が耳に届く。小さな音だが、聞こえる音だ。これからのプロロードレースでは、集団のあちこちでこの音が聞こえるようになるのだろうか。

変速操作は指先のタッチだけですむようになった。これまでシマノのギアチェンジを重いとか硬いとか感じたことはないが、手動ケーブルを人力で引っ張ることに比べたら、電動のストレスフリーぶりはそりゃ別格だ。シフトスイッチは左右のブレーキレバーに付いている。従来のSTIレバー[*1]の愛用者ならすぐに馴染むはずだ。

電気接点のスイッチですむようになれば、変速スイッチの位置や数も自由度が増す。そうした展開がこれからのおもしろさだろう。まずはドロップハンドルのフラット部分でも変速できるようになるといい。給水ボトルにスイッチを付けておいて、水を飲むと見せかけてシフトダウン。虚をついてアタック（逃げ）をかける、なんてこともできそうだ。

冗談ではない。ぼくがロードバイクに乗り始めた'90年代初めは、シマノのSTIレバーが出始めのころだった。それまでの変速インターフェイスといえば、フレームのトップチューブに付く〝ダブルレバー〟方式が一般的だった。股ぐらに手を突っ込むようなカタチで変速するダブルレバーに対して、ブレーキのブラケットから手を離さずにギアチェンジできるSTIレバーは、アタックのタイミングを悟られないメリットがある、なんてことが、当時言われたのである。

そんな御利益とは無縁のオヤジライダーにとって、最も大きかった電動デュラの恩恵は、フロントギアの変速だ。歯数の差が大きい前ギアは、後ろのギアを一気に数枚換えたくらいのシフトアップ／ダウンがきく。そのため、めんどくさがりのぼくは普段からフロントの変速をよく使うのだ。でも、インナーからアウターギア側にチェーンを持ち上げることになるシフトアップは、変速操作のなかでもいちばん重い。それがエレキデュラなら〝ヒュン〟ですむ。最小の労力で最大のゲイン。電動化の真髄である。

泣く子も黙る、電動デュラエースのピナレロ・プリンス

なつかしの変速インターフェイス〝ダブルレバー〟

これがピナレロの王子さまか

梅野木峠の麓で仲間にも試乗してもらった。

ところが、わがチームＴｉｋｉ Ｔｉｋｉのメンバーときたら、電動変速機のモニターとしてはサイテーであった。

学生時代、通学に使っていたママチャリに変速機など付いていなかったという理由から、イトイガワもグランフォンドもシングルギア車で走りきってしまうＧＴＩザワなんか、「エッ、変則器って、ナンですか？」なんて言ってる。

ＴＫは、つい最近ヤフオクで見つけた'70年代のシブいイタリア製ロードバイクに乗っている。30代とまだ若いのに、21世紀に初めて買ったロードバイクがダブルレバーとは！　おもしろがってそんな自転車に乗っているくらいだから、電動なんかには取り合ってくれない。このバチあたりが！

最近めきめき走力を上げてきたＫは、値段を聞いただけで、おそれをなして触りもしなかった。

かくいうぼくも、率直な感想は、「またにしときます」である。変速音はカッコイイし、使ってみると、たしかに〝わかる〟けど、しかし、今の今まで「ああ、自転車の変速機が電動だったらどれだけありがたいだろう！」なんて思ったことは一度もないのである。これはやはり最先端のレース用機材だと思う。

だが、ピナレロ・プリンスという自転車そのものは、10年以上乗って、アルミフレームの劣化も気になり始めているポルシェバイクと比べたら、夢のようだった。

感動的だったのは、下りの速さである。ところどころ〝でんぐり返し〟するかと思うほどきつい梅野木峠の下りの、しかも荒れた路面でも、ぼく的にはありえないほどの高速ダウンヒルができる。強力な剛性としなやかさが同居するカーボンフレームのおかげである。デザイン的にはナットクいかないピナレロ独特の波型フロントフォークも、こうした大入力を受ける場面でこそ真価を発揮するのだろう。

自転車は、上りや平坦路だと人間エンジンのパワー次第である。ところが、重力落下というエンジンが忽然と出現する下り坂では、サルでもスピードが出せる。その状況で、安全にハイスピードが出せるかどうか、今度は自転車次第である。つまりだれが乗っても、イイ自転車というのは、下りでイイのだ。ということを発見させてくれた。文字どおり、「自転車界のプリンス」である。

＊1　STIレバー　ブレーキレバーにギアチェンジの操作部を合体させたシマノの画期的なシステム。デ

ュアルコントロールレバーともいう。'91年に登場し、その後、カンパニョーロも追随した。

ファットバイクに乗ってみたら

こんな自転車、だれが買うんだ⁉

ＭＴＢを発明したアメリカ人が、またとんでもない自転車を編み出した。オートバイのモトクロッサーか⁉ というほど太くてデッカいタイヤを履く、その名も〝ファットバイク〟である。

乗ったのは、この新ジャンルのパイオニアともいうべきサーリーのパグスレーＯＰＳ。ブロックタイヤの幅は４・０インチ（約10㎝）。ＭＴＢの倍以上ある。もっと太いのがお好みなら、４・８インチ仕様もある。ホイールの直径は普通のＭＴＢと同じ26インチだが、タイヤの外径で比べると、７００Ｃロードバイク（27インチ）より6㎝大きい。16㎏の車重はロードバイクの倍。ハンドルを持って押し歩きしていると、子馬を引いているが如き量感である。

まずは舗装路を走り始める。

ライダー目線からだと、タイヤは道路の白線とほぼ同じ太さだ。スピードを出すのは苦手かと思ったら、そうでもない。重い車輪がいったん回り始めると、自らの勢い

でむしろよく進む。スピードを上げると出る〝ブーン〟というセスナのエンジン音みたいなロードノイズが迫力だ。

空気圧を高めにセットしたので、ブヨンとした柔らかさはない。乗り心地は意外やフツーである。

ふだん乗っているロードバイクと何が違うだろう？　じきにわかった長所は、安定感である。赤信号で減速していって、止まりかかるときも、このまま足を着かなくたって自立しているんじゃないかと錯覚するほどである。フラつかないのだ。自転車に乗れない人も、ファットバイクならすぐ乗れそうだ。

多摩川の河川敷で遊んだ。エアを抜き、指で押してもヘコむほどタイヤを低圧にして、高尾山の近くにある荒れた登山道にも踏み入れた。大きな接地面積で路面を包み込むようにグリップするわけだから、悪路踏破性は抜群だ。沈まないし、滑らない。点で接地するロードバイクのタイヤに比べたら、もはやキャタピラである。

急勾配でありがたいのは、やはり〝立ち〟の強さだ。ギアはMTB並みに軽いから、極低速で上れるが、そんな匍匐前進ペースでもフラつかない。

同じ理由でオフロードの下りもイイ。地面に根を下ろしたように安定していて、しかもボヨンとした乗り心地は快適至極。こう見えて、ダウンヒルがめっちゃ楽しい。トシをとると、バランス感覚が衰える。注意力も散漫になる。繊細なロードバイクはそうしたネガに敏感だが、この自転車は対極だ。関係者は絶対言われたくないだろうが、言ってやる。ファットバイクは年寄り向きである！

もともとアラスカを走る雪上バイクとしてスタートしたらしい。でも、この押し出しをまのあたりにすると、うそだろ、と思う。まずカッコでしょ。「自転車のジープ」をやりたかったんでしょ。

ロードバイク原理主義者としては、最初、悪ノリにしか見えなかった。いったいぜんたい、だれがこんな自転車を買うんだ⁉　と思いながら、試しに借りて乗ったら、なんと、自分が買ってしまった。人生、何が起こるかわからない。

サノマジックを訪ねる

船大工の木製ロードバイク

本当は自分の家から自転車に乗っていきたかったが、この日は改正道路交通法施行直後。街頭のあちこちに自転車乗りを見張るおまわりさんが立っていそうなので、やめた。

電車を乗り継いで訪ねたのは、東京都江東区新木場。材木店が並ぶ通りの一角に、木のロードバイクをつくる工房がある。設計から製作まで、すべてをひとりでこなすビルダーの佐野末四郎さんは、江戸時代からこの地に続く船大工の9代目だ。5年ぶりに訪れた作業場には、本業の木造ヨットが陣取っている。

現在、高級ロードバイク用フレームの主流は、カーボンファイバー製である。佐野さんが自転車づくりにスピンオフしたのも、最新のカーボンバイクに乗ったのがきっかけだった。こぎ出すなり、乗り心地のあまりの硬さに驚いたという。40年培ってきた木造艇づくりのノウハウで、もっと快適な、速いロードバイクが作れるはずだ。その結果が“SANO MAGIC”（サノマジック）である。

フレームの一部に木を使う自転車はほかにもあるが、サノマジックの木製ぶりは徹底している。ハンドルもサドルもホイールもボトルケージも、すべて木。汎用の既製品は、変速機やブレーキなど、カンパニョーロの8点セットと言われる可動パーツ類と、あとはタイヤだけである。細かな金属部品も佐野さんが図面を起こして発注したオリジナルである。

素材は高級家具材としても知られるマホガニー。グアテマラ産を10年以上乾燥させたものだ。無垢で使用することは少なく、薄く切った板を接着剤で張り合わせた積層材にして使う。たとえばホイールは、厚さ3・8㎜の薄板を10枚積層したもの。強度に応じて最大32層まで重ねる。佐野さんの仕事の真骨頂である。

バックオーダーは2020年まで

最近の自転車ショーでサノマジックは注目の的だ。〝クールジャパン〟なモノづくりの例として、メディアに紹介されることも多くなってきた。だが、2007年に作り始めた当初は、自転車関係者からネガティブな反応も寄せられたという。いちばん多かったのは、「折れたらどうする」という声。

作りかけのフロントフォークを見せてくれた。地面に置くと、U字の片側に足をかけ、全体重を乗せて跳ねてみせた。わずかにしなるが、折れる気配はない。「木は、加工の仕方で化けるんです」

濡れたらどうする⁉という初歩的な誤解も受けた。佐野さんはもともとこれで船をつくっていたのである。質の良いマホガニーは耐候性にすぐれ、狂いも瘦せも出ないそうだ。しかも、軽い。サノマジックの車重は7kg台。高級カーボンバイクと同等である。

ただし、木には水を吸い上げるための導管があり、マホガニーはとくにそれが太いため、剛性には限界がある。だから、ゴールスプリントのような、いわゆる〝もがく〟乗り方や、腰を浮かせた立ちこぎは向かないという。長い距離を高いアベレージで快適に走る、いわば〝ロードバイクのGT〟である。高め（重め）のギアに入れ、フレームのしなりを生かしながら、低い回転でこぐのがサノマジックの乗り方だそうだ。

この日、工房には佐野さんが通勤に使う自転車があったが、あいにく体格が違うため、乗れなかった。すでに20台のサノマジックがつくられたが、最近のモデルは剛性を上げるためにサドル高を固定にしている。完全にオンリー・フォー・ユーのオーナー用だ。せっかくヘルメットやウェアを持参してきたのに、残念である。

ほかにだれもつくらない、つくれない自転車だから、フレームにサノマジックの名は入れない

ドロップバーももちろんマホガニー製。木屑が出る自転車工房

以前、訪ねたときには試乗させてもらった。まず驚いたのは乗り心地のよさで、たしかに木製なのだと了解させる独特の柔らかさがある。あたりまえだが、〝木っぽい〟のである。木のサドルもぜんぜん堅くない。微妙なしなりが効いているのだろう。

幹線道路の長い直線で自分なりのロングスプリントをかけてみた。追い風ももらっていたのかもしれないが、メーターに目を落としてギョッとした。ネズミ捕りをやっていたら捕まっていた。ロードバイク歴20年、平坦路の過去最高記録が出ていたのである。スピード感がなかったのは、やはり他の自転車では味わえない乗り心地のよさのせいだと思う。フレームのしなりが推進力を生むという佐野さんの説明は実感できなかったが、とにかくそれ以後も、サノマジックはぼくのレコードブレーカーであり続けている。

あらためて自転車を見ると、その美しさには息を呑む。ノミとカンナで削り出したフレームは、全身なまめかしい曲線、曲面を描き、工芸品のオーラを放っている。

ブレーキのキャリパーは、一見、木のフレームに直付けされているように見えるが、もちろんそんなはずはなく、削った部分に広い面積のマウント用金属プレートを入れ、それを木のフタで隠している。話を聞いていると、よくそんな面倒くさい、手の込んだことをやるなあ、という溜息の連続である。世界のどこにも類車はないから、車名のロゴもエンブレムも入れない。

価格は税別２００万円。1年に３台しかつくれないことを考えたら、高くない。ぼくも終（つい）のロードバイクにほしいと思うが、すでに２０２０年までバックオーダーが舞い込んでいるそうだ。

イトイガワのように長いあとがき

37歳でスポーツ自転車に目覚めてから、二十数年経った。ロードバイクに乗り始めたころ、週末、多摩川サイクリングロードを走っても、同好の士とすれ違うのは稀だったのに、いまは平日でもフツーに見かけるようになった。

「クルマ離れ」した若者がロードバイクに行っているのは間違いない。カッコイイ女性サイクリストも増えた。新興勢力に負けじと、おじさんライダーもがんばっている。

スポーツとして自転車に乗ることのユニークさとおもしろさは、さまざまな人がさまざまなレベルで楽しめることである。

ツール・ド・フランスの選手がスゴイといったって、見てのとおり、彼らは座っている。ふと忘れがちだが、自転車は座ってできるスポーツである。座っているから、たとえどんなに力走してエネルギーを使っても、足を止めれば回復できる。座ったまま、こんなに追い込めるスポーツ（運動）はないだろう。

いまはだれでもコンピュータを使い、あらゆるところでコンピュータのお世話になっている。ぼくもいまウィンドウズ機の画面に向き合って、ワードで原稿を書いている。わからないことがあれば、同じパソコンですぐ調べる。クリックひとつで、とんでもないことができる。便利だ。なんて便利なんだ。が、しかし、なんで便利なのかはわかっていない。なにがなんだかわからないまま、便利さを享受している。恐ろしい。

その点、自転車はたいへんわかりやすい。とくにロードバイクはメカがすべて剝き出しだ。ブラックボックスはない。加速も制動も、ほんのわずかの入力に反応して、正直に結果が返ってくる。ミスをすればてきめんに痛い目にあう。うやむやにならないし、わかりやすい。

だから、凸と凹がお互い補完するという意味で、自転車はコンピュータと相性がいい。親和性が高い。こういう機械なら、なんとか全部わかる。この先、クルマが自動運転に向かえば、その反作用でますますスポーツ自転車に乗る人が増えると思う。

2015年3月、初めてフルマラソンに出た。自転車のトレーニングのつもりで始めたランニングもキャリアだけは長い。ハーフマラソンには何回か出た。でもその経験から、42・195㎞のフルは絶対ムリと思っていた。無理を通したのは「還暦記念」という大義名分だ。

リタイアはしなかったが、完走（最後まで走り続けること）はできなかった。33㎞からは歩いた。また走り出せば5時間を切れることがわかり、40㎞からは再びヨチヨチ走った。

そんな内容だったのに、ゴール後、芝生に倒れ込むと、足の筋肉のあちこちが痙攣して痛み、30分くらい起き上がれなかった。

イトイガワで300㎞走っても、足にここまで〝くる〟ことは絶対にない。自転車はなんてラクなんだ、というのが初フルマラソンの感想。タイヤの転がり抵抗を利用して進み、イスの上で休息できる自転車運動は、体にやさしい。だから、生涯スポーツとしても間違いなくランニングより長く続けられる。

この本は、2011年にダイヤモンド社から刊行された『ロードバイク熱中生活』を元に、改題、文庫化したものだ。そもそものオリジナルは2010年に出した単行本と同名の電子書籍である。3度目のバージョンも中身が同じではお天道様に申し訳ないので、文庫化にあたって内容を見直し、新たに原稿を書き加えた。37タイトルのうち、16本は新原稿である。

「東京〜糸魚川ファストラン」は２０１１年を最後にやめた。翌年からスタート地点が山梨県に変更になったのが直接のきっかけだったが、いちばんの理由は「ギブアップ！」である。一気に３００㎞はさすがにもうツラくなった。距離が10㎞延び、さらにツラくなったらしい新イトイガワの参加者には参考にならなくなったが、旧コース時代を記録する意味もあるというイトイガワ仲間のアドバイスもあり、掲載した。

文庫化にあたっては、講談社文庫出版部の清水文徳さんにお世話になった。イトイガワに出るようなエクストリームサイクリストだけでなく、ロードバイクの入口で立ちすくんでいるような人にも読んでもらえるようなものを、という新原稿のアドバイスもいただいた。ありがとうございました。

２０１５年12月　　　　　　　　　　下野康史

解説

永江朗（ながえあきら）

本作『ポルシェより、フェラーリより、ロードバイクが好き』は自転車についてのエッセイである。ここでいう「バイク」はオートバイじゃなくて自転車のこと。ロードバイクはハイスピードで走るためのもので、ドロップハンドルに細いタイヤが特徴的だ。著者の下野康史さんについては説明不要だろう。日本で最も優れた自動車評論家のひとりだ。もっとも、本人は自動車ライターだというけれども。

自動車評論家が自転車に夢中になるなんて、ちょっとヘンじゃないか？　そう思って、下野さんに訊いたことがある。「それって、自動車評論家として自己否定じゃありません？」と。クルマがつまらなくなったので自転車に行った、と考えればわかりやすい。でも、本書を読んで、あらためてそう訊いたら、「そんなことないよ。相変わらずおもしろいクルマは出ているし」と下野さんはいう。ロータス・エリーゼやフォルクスワーゲン・ポロ、日産GT－Rの名前が出て、私が「アウディのA1はどうですか？　ちょっと心動かされているんだけど」というと、ちゃんとクルマの話もしてくれるのだった（ポロとの比較、ミニ・イーターとしての位置づけなど、30秒の話のなかに批評性があらわれていて、やっぱりこの人は自動車評論家なのだと思った）。

下野さんが自転車にハマったのは昨日今日のことではない、というのはこの本を読んで知った。最初の章にあるように、きっかけは37歳、禁煙したとき。最初は「悪路は走らないでください」とステッカーを貼られたインチキ・マウンテンバイク。でもその後ののめり込みようが尋常じゃなくて、クロスバイクを買って、ロードバイクを買って、レースに出て、３本ローラー台（室内練習機）まで買った。買っただけじゃなくて、がんがん走った。自転車のエンジンはペダルを回す人間だ、というので心拍計までつけた。東京から糸魚川までの長距離レースにも毎回参加している。

下野さんの自転車は、鼻歌まじりに土手をのんびり走るというようなものではない。わざわざ山のほうまで出かけて坂を登ったりする。それも下り坂が快感！　とかいうんじゃなくて、ヒルクライムそのもの、そして登り終えたときの達成感がいいというのだ。しかもしかも、膝(ひざ)が痛くなったり、前立腺を悪くしてドクターストップがかかったりと、満身創痍(まんしんそうい)なのである。ストイックなのか、マゾヒスティックなのか。

自転車は健康にいい、なんていうのは嘘だ。

かといって原理主義的ではない。たとえば、自転車は車両なのだから車道を走るべるし、という主張がある（私もそう考えていて、自分が自転車に乗るときは車道を走るし、歩いているとき後ろからベルを鳴らされても譲らない。クルマを運転していて自転車を抜くときはかなり広めに間隔をとる）。下野さんも原則は車道走行なのだけど（ロードバイクはタイヤが細くてデリケートなので、歩道を走るのは難しい）、たとえば交通量が多くて車道の幅が狭い橋を通過するときなんかは歩道に上がる。「安全に走ろうと思ったら、法規を厳密に守れないこともあるよね」と話す。

本書で笑ったのはすね毛の話だ。プロもアマも、なぜか自転車乗りはすね毛を剃っている。ケガをしたときのためだとか、いろんな理由がいわれるが、あまり必然性はなさそう。それなのに下野さんもすね毛を剃るのだという。最初は抵抗感があったけれども、いまでは当たり前のように。フィリップスのシェーバーですね毛を剃っている姿は想像したくない。

クルマがつまらなくなったから自転車に乗るんじゃない。でも、乗せられているようなクルマはいやだと下野さんはいう。運転する悦びのないクルマ、人馬一体感のないクルマ。もともと自転車のようなクルマが好きだったから、自転車に夢中になるのもそれほどおかしなことじゃない、とも。

この本には、これからのクルマをおもしろくするためのヒントがたくさん詰まっている。たとえばクルマのなかに自転車性を取り戻すこと。自転車が愉しいのは、自分の脚でペダルを回し、それによって自分が前に進むからだ。サドルやハンドルやペダルを通じて、世界と自分がつながっているのを実感できる。生の瞬間というべきものが、自転車にはある。それをより強く実感できるのが、細いフレームと細いタイヤのロードバイクだ。

快適装備が充実すればするほど、クルマは生の実感から遠ざかってしまう。ラクに運転できるクルマほどつまらない。エアコンだのオーディオだのって、本当に必要なんだろうか。ATなんかいらない。屋根だっていらない。安全装備もいるのかな。ABSもエアバッグもいらない（まあ、私のゴルフには最初からついてないけど）。衝突安全性なんて考えなくていいよ。だって、ツール・ド・フランスを見よ、ジロ・デ・イタリアを見よ、あのスピードで剝き身だぜ。

この作品は、二〇一一年六月にダイヤモンド社より刊行された
『ロードバイク熱中生活』を元に大幅に加筆・修正し、改題したものです。

|著者| 下野康史　1955年東京都生まれ。「CAR GRAPHIC」「NAVI」の編集部を経て、'88年からフリーの自動車ライターに。37歳のとき、禁煙をきっかけに自転車に乗り始め、以来、スポーツ自転車の世界にはまる。クルマ関係の近著は『クルマ好きのための21世紀自動車大事典』(二玄社)。

ポルシェより、フェラーリより、ロードバイクが好き
熱狂と悦楽の自転車ライフ
下野康史

2016年1月15日第1刷発行

発行者——鈴木　哲
発行所——株式会社　講談社
東京都文京区音羽2-12-21　〒112-8001
電話　出版　(03) 5395-3510
　　　販売　(03) 5395-5817
　　　業務　(03) 5395-3615
Printed in Japan

講談社文庫
定価はカバーに
表示してあります

デザイン—菊地信義
本文データ制作—講談社デジタル製作部
印刷———豊国印刷株式会社
製本———株式会社国宝社

ISBN978-4-06-293291-2

講談社文庫刊行の辞

二十一世紀の到来を目睫に望みながら、われわれはいま、人類史上かつて例を見ない巨大な転換期をむかえようとしている。

世界も、日本も、激動の予兆に対する期待とおののきを内に蔵して、未知の時代に歩み入ろうとしている。このときにあたり、創業の人野間清治の「ナショナル・エデュケイター」への志を現代に甦らせようと意図して、われわれはここに古今の文芸作品はいうまでもなく、ひろく人文・社会・自然の諸科学から東西の名著を網羅する、新しい綜合文庫の発刊を決意した。

激動の転換期はまた断絶の時代である。われわれは戦後二十五年間の出版文化のありかたへの深い反省をこめて、この断絶の時代にあえて人間的な持続を求めようとする。いたずらに浮薄な商業主義のあだ花を追い求めることなく、長期にわたって良書に生命をあたえようとつとめるところにしか、今後の出版文化の真の繁栄はあり得ないと信じるからである。

同時にわれわれはこの綜合文庫の刊行を通じて、人文・社会・自然の諸科学が、結局人間の学にほかならないことを立証しようと願っている。かつて知識とは、「汝自身を知る」ことにつきていた。現代社会の瑣末な情報の氾濫のなかから、力強い知識の源泉を掘り起し、技術文明のただなかに、生きた人間の姿を復活させること。それこそわれわれの切なる希求である。

われわれは権威に盲従せず、俗流に媚びることなく、渾然一体となって日本の「草の根」をかたちづくる若く新しい世代の人々に、心をこめてこの新しい綜合文庫をおくり届けたい。それは知識の泉であるとともに感受性のふるさとであり、もっとも有機的に組織され、社会に開かれた万人のための大学をめざしている。大方の支援と協力を衷心より切望してやまない。

一九七一年七月

野間省一